Rolf Friedrich Schuett

Eine falsche Schlange macht noch kein Paradies

Neue Thesen bekehren gut

Rolf Friedrich Schuett

Eine falsche Schlange macht noch kein Paradies

Neue Thesen bekehren gut

Bibliographische Information Der Deutschen Bibliothek:
Die Deutsche Bibliothek verzeichnet diese Publikation
in der Deutschen Nationalbibliographie; detaillierte
bibliographische Daten sind im Internet abrufbar über
http:// dnb.ddb.de

Herstellung und Verlag :
BoD – Books on Demand, Norderstedt

Gedruckt auf alterungsbeständigem Papier
(holz- und säurefrei)

Umschlaggestaltung : E. L. Schmidt

Printed in Germany

ISBN 978-3-7494-2876-2

INHALT

Für Elke, Rita und Maike

Zwischen Imagination und Abstraktion
Ideensparbüchse

„Mein Glaube besteht in der demütigen Anbetung Gottes, der sich selbst in kleinsten Einzelheiten der Materie offenbart." *(Albert Einstein)*

„Eine gute Bildung ist für die Jugend ein Zuchtmittel, für das Alter ein Trost, für die Armen Reichtum und für den Reichen ein Schmuck." *(Diogenes / Sinope)*

„Adornos eigentliche Stärke war die Philosophie der kleinen Form; auch sie hat – in einer Zeit, in der die großen philosophischen Systeme totgesagt werden – ihre Zukunft möglicherweise noch einmal vor sich ... In der Kunst, die kleine Form zu bedienen, fand auch die von Adorno wiederbelebte Dialektik zu ihrer pointiertesten Ausdrucksform. Einmal befreit aus dem Verfügungsbereich idealistischer Systemformation, ließ sie sich als Reflexionsinstrument einsetzen, das dem Nichtidentischen auf abstraktem Terrain wie ein vorzüglich abgerichteter Gedankensuchhund nachspürte. Dialektik war für Adorno keine beliebige Methode, die aus der Philosophiegeschichte als Angebot noch zur Verfügung stand und nur einer zeitgemäßen Nutzung harrte, sondern ein in die Widersprüchlichkeit des Realen selbst mit eingegebenes Erkenntnisvermögen, das sich mit dem Aufweis dessen, was ist, nicht bescheidet. Die luzide und zugleich dunkle Einsichtigkeit von Adornos Aphoristik ..." *(Otto A. Böhmer*: „Neue Sternstunden der Philosophie", München 1999, S. 182)

„Mir fällt der Beryll des Kardinals Nikolaus von Kues, eines anderen deutschen Dialektikers und negativen Theologen von Graden ein : Der Beryll, ein Stein der Erkenntnis, ist leuchtend, durchsichtig, und man sieht durch ihn hindurch das Maximum und Minimum zugleich. Der zugeschliffene Solitär leuchtet wie die Aufklärung selber und ist in seinem selbstgemachten Lichte doch so auratisch wie der Gral. − Der Aphorismus ist die funkelnde, Adorno gemäße Form des Schreibens und Denkens gewesen. Im Ensemble ein Mosaik aus lauter Steinchen des Weisen; und der schräge Lichteinfall sorgt dafür, daß es zumeist die Minima sind, von denen er spricht ..." (*Eckhard Nordhofen:* „Physiognomien", Königstein/Ts., 1980, S. 204)

Um streiten zu können, muss es Regeln geben,
um die erst geregelt gestritten werden muss,
und läuft Demokratie nach Prinzipien ab,
die erst demokratisch zu erstreiten sind?

Ist nur Tolerantes zu tolerieren?

Herrscht heute ein Imperialismus
anti-imperialistischer Grundsätze?

Philosophie, der nichts mehr heilig, weil göttlich ist, ist nichts als Technik und Industrie.

Wer jeden Tanzbären gleich auswildert, erweist sich und ihm einen Bärendienst.

Friede und Freiheit, law and order: Selbst unter Pflanzen gibt es das nicht, nur unter Steinen.

Wenn ich mich ausspreche, entstehen Aussagen über andere(s): das sind Aussprachen mit ihnen oder Ausreden, die ihnen auszureden sind.

Einst war der Zensor der einzige Leser, nun ist der Leser der einzige Zensor.

Beweise kommen für Weisheit zu spät.

Der Essay (unter)sucht Erfolg zwischen
Versuch(ung) und Experiment, der Aphorismus
ein Bonmot zwischen Namen und Essay.

Wer mehr wahrnimmt,
wird oft weniger wahrgenommen.

Vergiss nicht, dass du alles vergisst,
und vergiss, dass dein Leib gar nichts vergisst!

Mehr als die Summe seiner Sprüche ist der
Aphoristiker nur, solange er neue machen kann.

Darf der demokratische Rechtsstaat
Rechtsdemokraten bekämpfen?

Wir sind wir´klich, *ich* bin Wir´clichés.

Ist Heideggers *Seyn* nun Dabeisein, Dagegensein, Dahintersein, Vorbeisein, Durcheinander-
sein, Nacheinandersein oder Außersichsein?

Bringt alle Standpunkte auf den Doppelpunkt,
der dem Kerker des Ursprungs entspringt!

Schöpferisch macht dich, was dich erschöpft:
Der Könner schafft nur, was ihn schafft.

Wer sich kennt, wird nichts mehr.

Auch die Geschmacklosigkeiten
sind verschieden.

Radikale Herdentiere und konforme
Extremisten marschieren Arm in Arm.

E-Kunst lacht über Leute,
die U-Kunst zum Lachen bringt.

Auch Armut sei ein Verfassungsbruch.

Verzichte, bevor es schmerzt!

Junges wie Altes sind nichts Neues,
und ohne Vergänglichkeit gäb's nur Veraltetes.

Glücksmoment mal, ich bin unglücklich!

Edel-Ekel. Muss ich euch lieben,
wenn Gott mein Nächster ist?

Am Künstler bewundert man die viele Freizeit.

Es gibt Rechte und nie Gerechtigkeit, Identität
und nie Gleichheit, Tatsachen und nie Wahrheit, Freiheiten und selten Unabhängigkeit.

Bist du außer dir, bei mir, bist du du selbst, du.

Empörung gegen sie schmückt die böse Welt.

Gehorch nicht mir, nur deiner Angst vor mir!

Wer sich in mir sieht, sieht mich richtig.

Tiefsinn hat die bloße Andeutungshoheit.

Die Wahrheit siegt am Ende, wie Pyrrhus.

Wahrheit ist so unpersönlich wie *personality*
wahnhaft.

Globalisierter Individualismus und nonkonfor-
mistischer Kollektivismus bekämpfen sich nie.

Tiefstes, Höchstes und Plattestes
haben gemeinsame Grenzen.

Wo was los ist, bin ich erlöst und mich los.

Ist Sex für Geld liebenswerter als Geld für Sex?

Wofür bin ich da, wenn nichts da ist für mich?

Hast deine Identität − mit uns, nicht gegen uns.

Du siehst kein Jetzt, doch wirst sehen, was war.

Wer die Normen achtet, verletzt die Normalität.

Ich denk mir mein Teil, aber will das Ganze.

Man ist heute lieber spirituell und esoterisch
als geistreich und geistlich.

Begründe deine Behauptungen nicht mit dem
schwankenden Boden deiner Tat(sach)en!

Es fällt leichter, mit dem Schöpfer zu hadern
als mit seiner Schöpfung.

Alle sind heute gleich, anders als die Alten.

Könner glauben an Eingebung,
Dilettanten an ihre Begabung.

Der freie Markt verwünscht unglücklicherweise
das wunschlose Glück.

Ein Bonmot verändert die Welt
besser als eine Bibliothek.

Dass alles immer schöner und besser wird,
wird immer schlimmer.

Für die Welt sind Schriftsteller heute eher
bessere Schausteller als beste Zuschauer.

Logische Formen sind stets modern,
weibliche vermodern modisch.

Man spuckt Böses lieber an als aus, doch Gott
schluckt die Lauen jetzt wie arme Schlucker?

Sprache ist lieber widerspruchsfrei,
als Widersachern zu widersprechen.

Das Ganze spielt mit dem,
der mit dessen Teilen spielt.

Das musste ja so kommen,
dass du auch anders können musst!

Man darf keinen niederknüppeln,
muss aber aufsteigen wollen.

Verbessert die Umwelt : Werdet böser!
Bessert euch : Macht die Mitwelt schlecht!

Ohne Liebreiz nur Brechreiz. Ohne reizende Menschen macht die Reizflut nur gereizt.

S(ch)ein. Nichts ist nicht ich, nur Scheinbares anscheinend Seinbares.

Geometrische überleben biometrische Formen.

Wer mich erwischt hat,
treibt mich zur Suche nach mir selbst.

Menschliche Schwächen sind meine Stärke,
ich habe eine Schwäche für Vermögen.

Es gibt Internisten für Innereien oder Innen-
leben wie Psychiater für Willens- oder Geistes-
schwache.

Es gilt als größte Tragik, jeder zu entgehen.

Um halb glücklich zu werden,
brauchst du doppeltes Glück.

Du stirbst so schwer, wie dein Haltbarkeits-
datum dein Aushaltbarkeitsdatum übersteigt.

Ein Tyrann ist ein einzelner Totalitarismus,
sein Volk ein allgemeines Individuum.

Jedes Buch enthält ein Kapitel
mit Rezension seiner Rezensionen.

Geist- und Kinderreichtum macht Arme
neureich und bettelarm zugleich.

Lieber ein Diener des größten Ganzen
als sein eigener Herr über kleinste Parzellen?

Entschädigt volles Herz, voller Hals
und voller Mund für leeren Kopf?

Gute Menschen haben auch keine Lieder –
geschrieben und liederlich komponiert.

Meine Kragenweite : Bin ich frei, wenn mir
der Kragen platzt, an den es mir geht?

Nicht Unglaubwürdiges vertreibt aus Kirchen.

Ist es notwendig, Mögliches zu kürzen durch
Verwirklichen? Ist es möglich, verwirklichen
zu müssen? Muss man wirklich Notwendiges
ermöglichen, oder ist das alles nur Zufall?

Sokrates 2000 : Wie viele Bücher gibt es doch,
die ich nicht brauche, die mich mißbrauchen?

Gott und Satan behandeln einander als Diener.

Braucht Destruktives eine *konstruktive Kritik*?

Man glaubt und hofft gemeinsam,
man zweifelt und verzweifelt einsam.

Geliebte lieben das Leben.

Wäre ein Kant der apriorischen
Transzendentalgefühle zu emotional?

Mehr als halbe Lust wird schon halbe Unlust.

Du stehst wirtschaftlich besser als dein Knecht
und moralisch besser als dein Herr.

Lern und stirb nicht unter deinem Niveau!

„Ikea" hatte die Idea (I, Dea!), dass ich Him-
melbetten nicht selbst zusammensetzen kann.

Du entkommst und entgehst dir leichter als uns.

Das vorgesetzte Gesäß, vulgo *anus mundi*, ist
po´ethisches Gesetz der b´analen Hinter(n)welt.

Mach aus Fragen eine Mördergrube, stell alle!

Langem Reden und Flüstern fehlen Befehle.

Der Zufall ist vielleicht Gottes Freiheit,
doch deine Freiheit kein notwendiger Zufall.

Du stellst dich dem einen
und dir den anderen vor.

Wer nicht arbeitet, soll auch niemanden
mal zum Fressen lieb und gern haben.

Schwache werden gefördert, Starke gefordert
und Halbstarke aufgefordert zu überfordern.

Wer jede Überzeugung tolerieren soll,
braucht keine eigene.

Der Leithammel gehört und entflieht der Herde
sowenig wie der Weltmeister seiner Disziplin.

Ein *zweifelhaftes Subjekt* hat gewisse Substanz.

Leider kann man sich gegen Leid nicht
abstumpfen ohne auch gegen Lust.

Ihre Toleranz schmücken Oberflächen mit
Pointen und Herden mit schwarzen Schafen.

Wo Maschinen mehr (weniger) erzeugen,
da zeugen Menschen weniger (mehr).

Lieber gemeine Geschicklichkeit
als ungemeines Schicksal!

Wer nur in der Vergangenheit lebt, wird nicht
wieder jung, sondern nimmt den Tod vorweg.

Man macht stets das Böseste aus dem Besten,
das du aus dir machst.

Jeder ist von Natur ein Fallensteller,
doch von Kultur ein Schrift- und Fragensteller.

Dass dein Vater dich durch dein Gewissen
gerecht bestraft, ersetzt die Gewissheit,
dass Gottvater dich begnadigt?

Meine Identität liegt in diversen Differenzen
zu und mit anderen Identitäten.

Man kann alles begründen,
doch sich nur behaupten.

Selbst gescheites Lernen aus Scheitern scheitert

Reichlich Wut auf hässliches Unrecht
ist oft Hass auf schöne Reiche.

Verschweigen steht *über* meinem Wort und
braucht es weder zu brechen noch zu halten.

Haltlos ist man nicht endlos,
Unendliches hält nirgends.

Progressive kollaborieren durch Wünsche,
Konservative kontestieren durch Abstinenz.

Mut zum eigenen Gedanken ersetzt
nicht Mut zum Gedankenaustausch.

Lust sucht andere Lust,
Leid nur sein Ende.

Heroismus sucht die Macht,
Hedonismus bleibt der Ohnmacht.

Recht braucht Gefängnis, Moral aber Gewissen

Kannibalen verdauen ihre Menschenkenntnis.

Ehe: Ihm flogen mehr Gedanken als Herzen zu,
ihr laufen mehr Katzen als Männer nach.

Freiheit erfährt nichts, Bindung erlöst nicht.

Jeder dreht sich wie die Erde um sich selbst.

Ungenaues Wort trifft die Welt genau,
exakte Sprache nur die ungefähre Sache.

Ein Irrgarten von Büchern
will aus dem Chaos der Welt führen.

Alles ging voran, als du endlich kamst,
alles kommt voran, wenn du endlich gehst.

Trotz der Natur dein Überleben ab
und der Kultur deine überlegene Überlegung!

Wöge der Selbsterhaltungstrieb des Guten
die Selbstverleugnung des Bösen auf?

Etwas kann das Beste sein, wenn du es aus mir,
das Schlechteste, wenn du es aus dir machst.

Wer so viele geistige wie leibliche Kinder will,
bleibt steril.

Geist braucht man nur *gegen* seine Zeit,
Zeit aber *für* seinen Geist.

Darf Kultur nie mit Norm und Moral quälen,
muss Natur stets mit Flut und Hunger quälen.

Man liebt und hasst sich trotz aller Chancen
und wegen aller Risiken.

Wirklichkeit muss gut sein vor böseren
und schlecht sein vor besseren Möglichkeiten.

Wer Moral mehr missachtet als Gemeinschaft,
wirkt heute moralischer.

Ich will Schlechtes nicht sehen : böse.
Ich wehre Schlechtes ab : besser.

Wer von Hochkultur nicht gequält wird,
wird von Rabenmutter Natur gefressen.

Sich freimachen ist leichter als freisein.

Moral gilt ewig, Amoral gibt's ewig.

Autonomie : Ich will, was ich soll.
Repression : Ich muss, was ich möchte.

Jeder ist anders zuviel und zuwenig als andere.

Die Zehn Gebote kann jeder leichter erfüllen
als sich die Wünsche auf tausend Angebote.

Reisen bildet − sich Bildung ein.

Hundert Angebote erzeugen tausend Wünsche,
zehn Nachfragen aber nur ein teures Angebot.

Verallgemeinerung wie Differenzierung kommt
voreilig oder nie.

Ehe erst macht Verliebte zu verschiedenen
Liebenden und Geschiedenen.

Wer sich mehr Erlebnisse verschafft,
hat nicht mehr erschaffen und belebt.

Egoismus adelt sich zum Selbsterhaltungstrieb
in der Hölle, Altruismus falliert als Herdentrieb

Darfst du über die ganze Wahrheit urteilen,
ist sie dir unterworfen.

Trauer spielt sich ab auf dem Meer, Drama
auf dem Land und Posse in der Stadt.

Was du Dienliches bekommst, vergeht verdient

Sucht die Natur im *Unbewussten* menschliches
Selbstbewusstsein rückgängig zu machen?

Dass Gattung die Gatten überlebt und die Allgemeinheit den Einzelnen, macht sie gemein.

Alles in der Natur ist vergänglich.
Unsere Natur ist es, das zu beschleunigen,
um selber langsamer zu vergehen.

Aller Überfluss fließt ins Überflüssige,
aber liest man zweimal denselben Heraklit?

Wer sich schon verkaufen muss,
will sich gut verkaufen dürfen.

Man sucht das Glück, zu Geld zu kommen,
das bekanntlich nicht glücklich macht.

Wähnt die Wahrheit nur,
dass es nicht nur Wahn gibt?

Der Konkurrenzkampfplatz der Autoren
ist nicht mehr der Kopf des Lesers.

Entscheide dich für mehr
als eine Entscheidungstheorie!

Interessen und Gelegenheiten kann man wahr-
nehmen, doch fürwahr nicht für wahr nehmen.

Tabu gilt schon als Verstoß gegen seinen Bruch

Man fordert Gleichheit ohne Vergleich.

Nichts ist moralischer, als hohe Moral zu haben

Wer jetzt sterben muss,
muss nichts anderes mehr.

Der billige Angriff auf Naturplünderung
ist Angriff auf teure Naturwissenschaft.

Das Stadtbild bildete sich weiter zum Zerrbild
und Gegenbild des vorbildlichen Umweltbilds.

Das Nicht-Ich überlebt das Über-Ich.

Nur als Sklave deines Herrgotts
würdest du deiner Herren Herr.

Nur Schlechtes *tun* heißt besser
als Schönes nur *träumen*.

Verkauf dein Urteil, nicht deine Urteilskraft!

Fortschritt erhob Geistiges über Körperliches:
Man verhöhnt nun Dummköpfe, nicht Krüppel.

Das Grundrecht auf Unkreativität ist unantastbar, die Kreativität jedes Menschen unantastbar
verborgen.

Schuldlos schuldig? Wer verantwortet, dass
Ursachen für Wirkungen verantwortlich sind?

Altersweise Engel können nur hinweisen,
naseweise Teufel aber alles beweisen.

Zuviel Selbstsicherheit macht so gewalttätig
wie zuwenig.

Vergängliches Leben ist schön, weil Menschen,
die sich vergehen, nicht vergehen wie Unkraut.

Nach uns die Sintflut
aus demokratisierten Dichtern und Denkern!

Kommt ein Geistreicher eher durchs Nadelöhr
als ein reiches Kamel in die Hölle?

Bürgerkunst adelte Bauer, Hirt und Arbeiter,
aber nie Intellektuelle und Stubengelehrte.

Vor hoher Geschicklichkeit ist Schicksal tief.

Sehnsucht und Hoffnung beginnen,
wo die Wünsche erfüllt sind.

Man lässt Vorurteile hinter sich wie Rivalen.

Satt wird man leichter als zufrieden.

Fremdgehen wurde willkommener als Fremde.

Hunger konzentriert, Satte vertändeln.

Kann man im Himmel sündigen und in der
Hölle Gutes tun, um sich rauszuopfern?

Im Kreis : Events retten vor Zwangsideen
und Ideen vorm Spaßzwang.

Ist man schuldig an seiner Unschuld
oder wird zufällig schuldig?

Mit Sinn und Verstand bin ich geschieden,
mit Leib und Seele gebunden.

Konventionen des Kosmos
sind Naturgesetze der Kultur.

Schreckliche Vereinfachung heißt heute
„sinnstiftende Komplexitätsreduktion“.

Man verliert sich in Details
oder im allgemeinen Ungefähr.

Widerlegt höhere Moral bessere Argumente?

Politische Gegner gelten als Sittenstolche.

Wo das Verdienst fehlt, herrscht der Verdienst.

Ob Warenhaus, Freudenhaus oder Irrenhaus :
Hauptsache, es geht nach Hause.

Mächtiger Wissensdurst befreit
von Freiheitsdurst besser als Machthunger.

Leben muss sich behaupten gegen Erlebnisse,
das Haupt gegen Hauptsachen und Nebenrollen

Echte Befreiung macht Beliebigkeit unbeliebt.

Redliches Handeln weist bloßes Reden von der
Hand, behandelt aber Handarbeit wie Dreck.

Nieder mit den Privilegien
der Lebenden vor den Toten!

Warnung vor Verallgemeinerungen
fordert fast zu Gesetzesbrüchen auf.

Flüchte in deine Grenzen! Grenzenlose Selbst-
begrenzung überschreitet alle Entgrenzungen.

Deine Vergangenheit ist deine gute alte Zeit,
weil sie am weitesten weg ist von deinem Tod.

Subjektive Tatsachen sind mehr
als objektive Meinungen.

Schund-*Autoren* stehen über Proust-*Lesern*.

Außergewöhnliches kommt aus Gewohnheiten.

Begehrt ist alles nur in seinem Missbrauch.

Erzieher scheitern, wie sie erzogen sind.

Höchstes Prestige genießt dessen Verachtung.

Du träumst von ewiger Liebe,
die etwas Ewiges in dir (an)erkennt.

Der Stein der Weisen fällt oft
vom Herzen auf die Füße.

Freier Konkurrenzkampf profitiert
von marktgerechten Angeboten,
also nie von aphoristischen Luftzuspitzern.

In der Logik vertreten notwendige Wider-
sprüche den Widerstand von Wirklichkeit.

Als *Frau Welt* und *Mutter Natur*
wird Realität etwas erträglicher.

Alle meine Aphorismen träumen vom Leser,
für den sie ein System bilden, und jedes System
träumt davon, sie alle umfasssen zu können.

Fruchtbar wird nur Geist, den man steril nennt.

Kants Vernunft sprach viel von *Erfahrung,*
weil er wenig erlebte.

Wenn schon „Neuronen feuern“,
müssen Kanonen klug sein.

Nieder mit der Ungleichheit
von Schwarz und Weiß und Wahr und Falsch!

Das Chaos war nie schöpferisch,
sondern nur Material des Schöpfers.

Was sind bloß dunkle menschliche Abgründe?
Macht- und Liebeshunger ohne Wissensdurst?

Geglücktes Leben : Freiwillig ins Unglück
gerannt statt zum Glück gezwungen.

Ingenium : Genies glauben sich talentlos,
Talentlose sich genial.

Warum zieht man Geschäfte und Gedanken
zur Verantwortung und nie die Gefühle?

Träumt nachts von Mut zu großen Tagträumen!

Couch kuriert Kranke, Beichte behandelt Böse.

Gibt es zu Atheisten noch Adiabolisten?

Wer weder Engel noch Teufel sein kann,
ist nichts als sein Geld.

Alles verknöchert, verdunstet oder wird über-
flüssig. Man suche neue Aggregatzustände.

Bestien holen das Beste aus uns heraus.

Wenn schon Geist und Witz,
dann bitte kein Weingeist und Aberwitz!

Tatmotive wählt jeder nach Belieben.

Jeder macht das Beste aus sich:
Die Best(i)en zerfleischen sich.

Leib, Seele, Geist – Welt, Seele, Gott.
Legislative, Exekutive, Judikative,
AT, NT, Qoran.

Erreichen oder verlieren die harten Qualen
in zarten Zahlen ihren Sinn?

In Mathematik gibt es friedliche Befriedigung
für die meisten um den Preis der Langeweile.

Ein Individuum ist so selten
wie intelligente Originalität.

Für engagierte Bürger wurden Philosophen
und Poeten spießige *Bildungsphilister*.

Niemand lebt, weil er´s so wollte,
sonst hätte er´s längst über.

Goliath ist nicht ins Schleudern zu bringen
durch den Stein der Weisen.

Wo Bildungshunger zu Bilderkult verfällt,
steigt der Hunger zum Appetit auf.

Man presst alle(s) in Schubladen,
um in keine gepresst zu werden.

Ist es diese Zukunft wert, in mir zu vergehen?

Jeder *scheint* böse. *Ist* er deshalb besser?

Beckett? Sechzig Jahre Hetzjagd auf Godot.

Nachfrage wertet auf, Angebot wertet sich ab.

Nur Richtiges hat Recht, das es nicht bekommt,
gegen das, was Recht bekommt, das es nie hat.

Moden statt Menschen verändern sich, nie
die Lebensgeschichte statt der Weltgeschichte.

Machte Gott das Sündenbabel erst polyglott?

Wer ins ewige All aufgeht,
ist schon vor Todesangst gestorben.

Man braucht viel gutes gegen böses Geld
wie gute gegen böse Geister.

Ein Kunstwerk ist Wegweiser auf sich selbst
oder Werkzeug für neue.

Wahres Wort passt sich der Welt an
wie der Gedanke dem Gefühl, der Begriff
dem Ur- und Vorbild wie der Vorteil
und das UrTeil dem großen Ganzen.

Höheres kann mehr niederziehen,
als Tiefes uns erheben.

Die Sonne hat Flecken, die ans Licht kommen.

Allgemein bin ich nichts Besonderes,
das die Allgemeinheit besonders braucht.

Wie ich selbst sollst du sein wollen, nicht sein.

Kulturkapital und Geistesarbeit. Dichten
und Denken schaffen oft rigidere Klassen-
gesellschaften als Kapital und Arbeit.

Ich habe eine eigene Meinung, ich bin eurer.

Satan sorgt, dass Höheres nicht in den Himmel
wächst, aber Gott, dass Niederes nicht in die
Hölle kommt?

Spar dir deine Gedanken (zusammen)!

Sekundärliteratur zum Aphorismus

Gerhard Neumann (Hg.): „Der Aphorismus.
Zur Geschichte, zu den Formen und Möglichkeiten
einer literarischen Gattung", Darmstadt 1976

„Ideenparadiese. Untersuchungen zur Aphoristik
von Lichtenberg, Novalis, Friedrich Schlegel und
Goethe", München 1976

Peter Krupka: „Der polnische Aphorismus",
München 1976

Hans Peter Balmer: „Philosophie der menschlichen
Dinge. Die europäische Moralistik", Bern 1981

Harald Fricke: „Aphorismus", Stuttgart 1984

Gisela Febel: „Aphoristik in Deutschland und
Frankreich", Frankfurt/Main 1985

Klaus von Welser: "Die Sprache des Aphorismus",
Frankfurt/M. 1986

Heinz Krüger: „Über den Aphorismus
als philosophische Form", Frankfurt/M. 1988

Werner Helmich: „Der moderne französische
Aphorismus", Tübingen 1991

Stefan Fedler: „Der Aphorismus. Begriffsspiel zwischen Philosophie und Poesie", Stuttgart 1992

Paul Geyer / Roland Hagenbüchle: „Das Paradox", Tübingen 1992, Würzburg 2002²

Thomas Stölzel: „Rohe und polierte Gedanken. Studien zur Wirkungsweise aphoristischer Texte", Freiburg 1998

Lada Lubimova: „Struktur und Funktion des Aphorismus : eine textlinguistische Studie", Bremen 1998

Robert Zimmer: „Die europäischen Moralisten", Hamburg 1999

Michael Esders: „Begriffs-Gesten. Philosophie als Kurze Prosa von Friedrich Schlegel bis Adorno", Frankfurt/Main 2000

Rüdiger Zymner: „Aphorismus", In: Kleine literarische Formen in Einzeldarstellungen, Stuttgart 2002

Friedemann Spicker: „Kurze Geschichte des deutschen Aphorismus", Tübingen 2007

„Die Welt ist voller Sprüche. Große Aphoristiker im Porträt", Bochum 2010

Andreas Egert: „Der Fall Aphorismus. Zur Genese und Aktualität einer Gattung", Dresden 2015

Hochdekoriertes Christkindl
Christliche Art Deco

Um das Ergebnis der vorweihnachtlichen Plauderei vorwegzunehmen : Die allerschönste Weihnachtsdekoration wäre die, alle dafür ohne die Vorsehung vorgesehenen Gelder am Heiligabend an Bettler zu verteilen, diese mittelalterlichen Bettelmönche von heute. Beten, bitten und betteln sind eins.

Dann bliebe der Tannenbaum der Erkenntnis, von dem wir nicht essen sollen, wenigstens auch nicht ganz ungeschmückt. Himmelreich(tum) ist ohne biblische Armut nun einmal nicht zu haben, eher gehe ich Kamel bekanntlich durch das weltberühmte Nadelöhr im Heuhaufen von "Bethlehem (Steel Company)". Weihnachten ist das Fest der falschen Geschenke, und rechte Dekoration kann man sich da nicht einfach schenken. *Dulce et decorum.*

Ein Christkindl wird alljährlich dekoriert wie ein Religionskriegsheld? Wird der arme "Menschensohn" nun zum Weihnachtsmann herunterdekoriert oder zu Gottvater selber hochdekoriert? Wird zu Weihnachten hoch dekoriert, dass Gott als Mensch geboren wird, damit dieser Mensch als Gott selber stirbt – oder wäre das eine bloße Blasphemie, wie Konkurrenzreligionen mit einigem Recht glauben?

Kitsch as Kitsch can : Schmucke unfromme Wünsche dekorieren bald wieder das unheimlich traute Heim am Langweiligabend. Lamm aus Lammetta, mit Schaf und Esel unter Kugeln und Kerzen, oder früher Hippie als "Krippie" im kalten Kreißstall?

Die bunte und ebenso lautstarke wie umsatzstarke Christkindl-Ausstaffierung ist ein einziges Paradox: Das Christfest wird auch und gerade vom *Antichristen* gefeiert, aus allen weihnachtsindustriellen Kanonenrohren willkommen geheißen!

Je antichristlicher Europa wird, desto hysterischer feiert es das Christfest. Nun könnten Christen im Gegenzug auch guten Gewissens teilnehmen an nachnachhaltigen Sonnenwendfeiern und Schwarzen Verbrauchermessen, in ökumenisch-ökonomisch-ökologischer Vollumarmung.

Der ganze schrille Bühnen- und Budenzauber, zeigt er nur die Unverwüstlichkeit dieser alten Religion, die alle feingestrickteren und grobschlächtigeren Weihnachtsparodien spielend überlebt? Wird uns

das Christkindl alljährlich geboren, wie ein jedes
Menschlein heuzutage das Licht der Welt erblickt –
trotz aller Verhütungs- und Abtreibungsversuche der
Eltern und ihrer ausnehmend menschenfreundlichen
Helfershelfer?

Weihnachten wird alljährlich dekoriert zum Fest
von Kirche, Küche, Kitsch, Kommerz und Kinder-
augen : Das wird ebenso alljährlich immer wieder
satirisch sattsam neu verhöhnt, und dieses kindi-
schen Kinderspiels wird man offenbar nicht müde,
Offenbarung hin oder her, damit das Güte(r)-
Angebot diesseits der Zehn Gebote niemals unsere
Nachfrage marktgesättigt übersteige.

Rohe oder frohe Weihnachten!

+ + +

Würde jedes Buch in einen Aufsatz, jeder Aufsatz
in einen Absatz, jeder Absatz in einen Satz
verdichtet, wäre das Denken zu beschleunigen,
ohne sich zu digitalisieren.

Politik oder Kultur oder
Kumpanei von Macht und Geist?

Vielleicht sollte diese große Frage in zwei kleineren Schritten abgehandelt werden : Was kann und soll der gute Durchschnittskopf politisch tun? Und was haben Weltgenies in der Weltpolitik bewirkt?

Zuerst sei geklärt, ob ein durchschnittlich guter Kopf, der kein ausgepichter Dummkopf sein darf, die ihn beherrschende Realpolitik über seinen Stammtisch hinaus verbessern kann, und wenn auch nur *seine* überschaubare Stadtteilpolitik der „kleinen Schritte" etwa. Soll oder kann oder muss er/sie sich dafür „aktiv einsetzen" und „einbringen", damit man mit dem unseligen „Ohnemichel" nicht wieder mache, was man wolle?

Die allgemeine öffentliche Meinung ruft, dass jedermann für seine politische Meinung "aktiv werden" sollte, und drängt auf „politisches Engagement" jedes Einzelnen, raus aus seinem vermeintlich unfruchtbaren Schmollwinkel hinein in Parteien, Interessenverbände, Bewegungen, Gewerkschaften, Institutionen und mit Massendemonstrationen, Petitionen, Resolutionen, Desinformationen, Plebisziten. Die Wahrnehmung dieses allgemeinen Bürgerrechts sei republikanische Staatsbürgerpflicht.

Angebracht sind aber beträchtliche Zweifel an Sinn und Zweck solcher „Partizipationen", sowohl dessen, der sich engagiert, als auch dessen, wofür er sich engagieren soll.

Jede „Massenbewegung" kann unterwandert und gesteuert werden von professionellen Strippenziehern im Hintergrund, und sie wird ja auch regelmäßig manipuliert, ohne dass diese teilnehmenden Staatsbürger das auch nur mitbekommen. Es macht also sehr wohl Sinn, sich aus allem herauszuhalten, was auch nur von fern nach organisierter „Kampagne" riecht. Nur freier individueller Abstand verliert nicht seinen objektiven Verstand. Nur was sich isoliert, geht nicht unter, sagte Chaosforscher *Binnig*.

Eine gute Devise lautet : Mach nicht mit, auch und gerade nicht beim allgemeinen Nichtmitmachen! Wer irgendwo mittut bei einem kollektiv starken Dagegensein, verkennt schnell, wobei er da eigentlich mittut. Und offen gemeinschaftlich Engagierte machen sich berechenbar und kontrollierbar.

Der alte Grieche *Epikur* riet in seinem Garten, zu dem sogar Frauen und Sklaven Zugang hatten: "Lathé biósas!" (Lebe im Verborgenen!). Mit einem lässigen *Desengagement* weiss man mehr als mit vergesellschaftetem Aktionismus.

Die Umweltideologie der Natur(vor)schützer z.B. ist fast schon total und hat inzwischen sicherer als jedes Pestizid die Hirne vergiftet. (Sollte grüne Ökologie immer nur ablenken von roter Ökonomie?)

Politik ist das, was dich an dem hindert, was dich angeht, polterte der feinsinnige Konservative Paul Valéry. Der Philosoph Hans Blumenberg schrieb ein lesenswertes Buch über "Die Verführbarkeit des Philosophen" (Frankfurt/Main 2000).

Ein einstimmiges Kollektiv schreit, ein mündiges Individuum schreibt. Ein einzelner freier Intellektueller kann einzelne Köpfe durch seine Feder beeinflussen, aber ein politisches Kollektiv umgekehrt beeinflusst ihn nur selber. Wo z.B. alle heute mehr „Transparenz" einfordern, darf man sicher sein, dass gesellschaftliche Prozesse umso undurchsichtiger werden, je „transparenter" sie gemacht und genannt werden.

Der industrietechnische und gesellschaftspolitische Fortschritt sei selbst die Katastrophe, die er verhüten wolle, schrieb Walter Benjamin.

Das gemeine Volk hat immer gewusst, dass es ja doch nichts ändern kann. Diese uralte Volksweisheit ist nicht dumm, sondern weise Frucht jahrtausendelanger Erfahrung. Nur Dummköpfe oder gerissene Lobbyisten wollen ihm einreden, dass es dumm wäre, es mit seinen Ausbeutern mit vereinten Kräften nicht endlich aufzunehmen. Gute Köpfe wie Marx und später Lenin riefen auf zur „Diktatur des Proletariats", die eine beispiellose Diktatur über das Proletariat wurde, verheerender als alle demokratie-kapitalistische Ausbeutung.

Damit sind wir schon beim zweiten angekündigten Punkt : Was lehrt die bisherige reale Weltgeschichte in Bezug auf die Frage dieses Essays? Der geneigte Leser soll nicht auf die Folter gespannt werden beim Warten auf die Antwort. Zusammengefasst und vorweggenommen das Ergebnis der Recherche : Ja, ein guter Kopf konnte die große Politik hier und da schon entscheidend beeinflusssen – allerdings fast immer nur zum Schlimmeren und Schlimmsten – je besser der kluge Kopf war und je größer die Staatspolitik.

Jedenfalls zeigen das einigermaßen unparteiische
Blicke in die reale Politikgeschichte, ohne die alles
zur bloßen Utopie würde. Anders gesagt, haben gute
und kluge Köpfe die große Weltpolitik fast immer
eher noch verschlechtert als verbessert, wenn sie
deren Lauf überhaupt einmal mitverändern durften.
Umgekehrt hat meist erst die große Politik die guten
und großen Köpfe hervorgebracht und begünstigt,
wie an dieser Stelle begründet werden mag :

Platon, der aristokratische Urvater der europäischen
Berufsdenker, anders als sein plebejischer Lehrer
Sokrates, versuchte den jungen Tyrannen *Dionys I.*
von Syrakus und dessen Vater zu guten „Philoso-
phenkönigen" zu machen und scheiterte kläglich, bis
er sogar als Sklave verkauft wurde, der von reichen
Gönnern freigekauft werden musste. Platons Staat in
"Politeia" sei eher totalitär, befand Bertrand Russell,
und laut seinem Kompagnon Alfred N. Whitehead
bestand die ganze folgende abendländische Philosophie nur aus lauter „Fußnoten zu Platon".

Platons Meisterschüler *Aristoteles* wurde ehrgeizi-
ger Lehrer des noch ehrgeizigeren Kronprinzen
Alexander von Mazedonien, aber Alexander wurde
der Große eher gegen als durch seinen großen Lehrer. Der erste Weltglobalisierer Alexander I. hat

wohl eher den ersten Weltwissenschaftler Aristoteles möglich gemacht als umgekehrt der Lehrer seinen größten Schüler politisch groß gemacht.

Der preußische „Philosophenkönig" *Friedrich der Große* ließ seinen Aufklärungsphilosophen *Immanuel Kant* zwar denken, aber nicht publizieren, was er wollte. Um das Volk nicht zu verwirren, musste Kant (wie später Fichte) z.B. seine Religionsschriften zähmen. Friedrich II. wurde stärker vom Pariser Jornalisten *Voltaire* beeinflusst als von seinem tiefer denkenden Landeskind Kant.

Erst die *„philosophes"* und *„Moralisten"* des Ancien Régime beeinflussten die große Politik auf messbare Weise, indem sie den kommenden Umsturz aller Werte intellektuell vorbereiteten. „Friede den Hütten, Krieg den Palästen!" *(Nicolas Chamfort)*. Die geistreichen Aristokraten der Salons nahmen unstreitig selber einen spielerisch selbstmörderischen Anteil an ihrer eigenen revolutionären Beseitigung 1789 (siehe *Diderot, Beaumarchais* u. a.)

Der Vollender und gleichzeitige Verräter der *Grande Révolution*, Kaiser Buonaparte mit seinem fortschrittlichen *Code Napoléon* für ganz Europa, fand seinen Ideologen ausgerechnet im deutschen

Philosophen G. W. Friedrich Hegel, den Verfechter des französischen Rheinbundes. *Napoleon* hatte *Hegel* groß denken lassen, aber der große Denker Hegel hat den kleinen Korsen Napoleon nicht erst politisch groß gemacht, als er den „Weltgeist zu Pferde" 1807 in Jena einreiten sah. Napoleon besuchte lieber Goethe in Weimar als Hegel in Jena, der ihn nur geistig nachträglich rechtfertigte als letzten Vernunftfortschritt der Weltgeschichte zum europäischen Rechtsstaat.

Nach dem vergleichsweise ruhigen 19. kam das ungleich turbulentere 20. Jahrhundert. Prominente Großbeispiele sind etwa die Rechtskonservativen Carl Schmitt und Martin Heidegger sowie die Linksradikalen Ernst Bloch und Jean-Paul Sartre.

Der „Führer" verführte den Denker *Heidegger*, der aber nicht als geistiger Führer seines politischen Führers anerkannt wurde und sich daraufhin schmollend zu Hölderlin verdrückte. „Der Führer ist jetzt und fortan die einzige Wirklichkeit und ihr Gesetz", befand der Alemanne 1934 diktatorisch. Noch nach 1945 schwor Heidegger seiner "Entschlossenheit zur jemeinigen Eigentlichkeit" nicht ab, sprach noch von der „Größe und Herrlichkeit dieser Bewegung" und machte seinen politischen

Irrtum zur philosophischen "Irrnis des Seyns selber", wie der junge Habermas ihm aus Neuauflagen seiner Schriften nachmalig nachwies.

Im gegnerischen Lager hatte auch der Ex-Priesterzögling Josef *Stalin* seine guten und klugen Köpfe, die er anführte, ohne dass sie ihn anführten. „Diese Weisheit, die kühn-besonnene, offen-konkrete Weisheit Lenins und Stalins wacht auf der Strecke zur klassenlosen Gesellschaft." (Ernst *Bloch*, Antrittsvorlesung in Leipzig 1949).

Um der bürgerlichen Rechten nicht zu dienen, bediente der anarchistische Ur-Existenzialist Jean-Paul **Sartre** den Sozialismus bis hin zu den stalinistischen Militärdiktaturen des Ostblocks. (Erst die roten Panzer gegen den *Ungarnaufstand* 1956 und den *Prager Frühling* 1968 schreckten ihn kurz auf und ließen ihn die maoistische Kulturrevolution geistig unterstützen – dasselbe nur in Gelb.)

Das Weltgenie Albert **Einstein** riet mit Erfolg den USA, die Atombombe zu entwickeln, um Deutschland zuvorzukommen. Nach den Ergebnissen in Hiroshima und Nagasaki nannte er das die größte Eselei seines Lebens.

Zum guten Schluss noch zwei Ausnahmen, die meine schwarze Regel bestätigen. Eine Ausnahme war im 18. Jahrhundert der Moraltheoretiker **Adam Smith** mit seinem weltweit einflussreichen Werk "Der Wohlstand der Nationen". Danach reicht die "unsichtbare Hand" des freien Marktes aus, dass das Gemeinwohl meinem Eigeninteresse nie so gut diene wie umgekehrt deine wenig regulierte Profitgier dem Gemeinwohl. Sogar sein Gegner Marx erkannte die weltpolitische Bedeutung dieser Analysen an.

In unserer Zeit hat der gebildete **Papst Johannes Paul II.**, soweit Einzelpersonen überhaupt Einfluss nehmen konnten, am Zusammenbruch der Ostblockdiktaturen entscheidenden Anteil gehabt – neben US-Präsident Reagan – beide von Linksintellektuellen als vormoderne Deppen verkannt.

Langer Rede kurzer Widersinn : Die klugen Weltanschauer folgten eher den großen Welteroberern, seltener umgekehrt die großen Weltherrscher den besten Weltbildern. Und bedeutendste Geister entpuppten sich allzu oft als eminenteste politische Dummköpfe.

Wettkampf ist der Doktorvater aller Dinge

Kapitalismus ist nur die falsche Übertragung der geistigen Konkurrenz auf die wirtschaftliche Sphäre oder umgekehrt. Gewöhnlich fördert er leider die menschliche Rivalität gerade dort, wo sie nicht herrschen sollte, und hemmt sie dort, wo sie am Platz wäre. Wir sollten nicht rivalisieren müssen, um leben zu können, sondern leben, um miteinander nicht nur um die Gunst der Schönen statt der Mächtigen zu wetteifern. Wenn man sagt, einer sei besser als der andere, meint man die Moral oder gewisse Geschicklichkeiten. In Wirklichkeit nennt das, was landläufig Moral geschimpft wird, eigentlich nur die unerläßlichsten Rahmenbedingungen eines jedes fairen Wettkampfes unter Menschen um den Ruhm. „Wenn die Menschen den Ruhm nicht liebten, hätten sie weder Verstand noch Tugend, ihn zu verdienen", sagte Vauvenargues. Wie läßt sich das Spiel sinnvoll zu Ende bringen, solange dem Teilnehmer das Leben oder der Besitz oder der Lebenspartner von den Mitspielern oder Zuschauern genommen zu werden droht? Die Zehn Gebote der biblischen Schrift sind die notwendigen Spielregeln, deren Einhaltung im wohlverstandenen Interesse jedes siegeswilligen Mitspielers liegt.

Ob nun sozialistisch oder nicht, die Kapitalismuskritik entzündet sich auch daran, daß vielen Menschen die Vision einer agonalen Gesellschaft eher ein Alptraum als eine Utopie ist. Das Schlimme aber ist nicht, daß die geistige Welt eine permanente Olympiade, sondern daß sie ein verdeckter materieller Existenzkampf ist, wie Marx ja gezeigt hatte. Man tut so, als gehe es um den Sieg der besseren Idee, wo es in Wirklichkeit nur um den Sieg ihrer materiellen Nutzungsrechte geht. Kurz : der Amateurstatus des geistigen Ringens verlangt keine Dilettanten, sondern motivierte Mitspieler, die *für* geistige Arbeit und nicht *von* geistiger Arbeit leben. Ein Verlierer dieses Kräftemessens sollte nicht um seine materielle Existenz bangen müssen, sondern der Reiche seines Reichtums ohne den Ruhm nicht froh werden können. Gibt es Naturrecht des Stärkeren oder des Schwächeren?

Daß es gleichgültig sei, auf welchem Feld gesiegt werde, ist der große Irrtum unserer Zeit. Wichtig ist weniger der Sieg über Rivalen in einer beliebigen Disziplin als der Sieg jener Disziplin, in der ein Sieg am meisten lohnen würde, über alle anderen Disziplinen. Wer einen ehrenvollen Frieden mit sich schließen will, muß einen gerechten Krieg gegen den führen, der einen faulen Frieden mit sich schließt. Wer sich selbst gefunden hat, wie es heißt, hat aber sein Ziel nicht schon erreicht, sondern erst die richtige Zielscheibe aufgestellt. Das Ich ist eine Gottesgabe, das Selbst eine Lebensaufgabe. Das „wahre Selbst" wird nicht am Fließband hergestellt und wächst nicht auf Bäumen. Wenn es kein Witz ist, ist es eine Rekordmarke und kein Ruhekissen.

Wer nichts anderes von sich will, als was andere von ihm wollen, ist deshalb noch nicht der, der er sein könnte, aber um bei sich selbst anzukommen, genügt es kaum, anderen nicht zu folgen. Um zu werden, der ich bin, muß ich den zerstören, der ich bin, verlangt das Selbstbestimmungsparadox. Wo der Mensch genau jenes Wesen ist, das mehr ist als er selbst, da muß ich mich ablehnen, um mich mit mir anfreunden zu können, und mich selbst übertreffen, um mich ganz zu erreichen. „Man ist man selbst", sagt Heidegger: Um zu werden wie andere, jeder ein anderer, genügt es, sich gehenzulassen.

Nicht jeder Masochismus ist deshalb schon Selbstgesetzgebung, aber eine Selbstbestimmung, ohne unter dem Joch des eigenen Gesetzes Blut und Wasser zu schwitzen, ist Heuchelei. „Freiheit ist Unabhängigkeit der Willkür von der Nötigung durch Antriebe der Sinnlichkeit", sagte Kant nicht, um den Leuten ihren Spaß zu nehmen, sondern weil sie fremdbestimmt leben, sobald sie sich von ihren Trieben treiben lassen. Wenn der Mensch kein Mittel für andere ist, ist er ein Mittel für sich selbst, und er ist Selbstzweck, sobald er sich als Instrument seiner selbst vergeudet. Wer das soziale Plan-soll verweigert, hat deshalb noch keinen eigenen kategorischen Imperativ erfunden.

Wer den Mehrwert nur am Arbeitsplatz erarbeitet und nur dort mehr aus sich macht, als seine Arbeitskraft zu reproduzieren, muß begreifen, daß die Wiederaneignung des abgeschöpften Mehrwerts noch keine Selbstverwirklichung ist, sondern nur eine ihrer möglichen Voraussetzungen. Was Sportler mit ihren Körpern machen, machen Intellektuelle mit ihren Köpfen : sie beuten sich selbst für sich selbst aus und sind deshalb die utopischen Prototypen des Menschen unter heute möglichen Bedingungen. Der Mensch ist soviel wert wie der Mehrwert, den er aus sich macht, und seine Menschenwürde besteht in dem, was er aus sich machen »würde«, wenn er könnte. Wer für sich nicht das Äußerste aus sich herausholt, wird nie wissen, was er ist. Liebe deinen Nächsten wie dich selbst, ja, aber ich kann mich nur lieben als den, der sich haßt?

Der Mensch findet sich vor als Fabrikat seiner Eltern, Lehrer, Chefs, Erbanlagen und Milieus, aber ich bin das, was mich noch trennt von dem, was auf dem Spezialgebiet meiner konkurrenzlosen Unverwechselbarkeit noch möglich ist. Das Nerven- und Immunsystem dient dazu, das Eigene vom Fremden zu unterscheiden und das eine nicht mit dem anderen zu verwechseln. Kein anderer sein heißt, unnachsichtig mit mir gegen mich selbst zu wüten. Wer sich zärtlich so hinnimmt, wie er ist, hat schon denen pariert, die ihn so gemacht haben. Ich kann mich nur akzeptieren als den, der sich nicht akzeptiert, und akzeptiere nicht den, der sich selbst akzeptiert. Wer mehr von sich verlangt, als von ihm verlangt wird, bestraft sich, wenn er sein Plansoll unterschreitet, und scheitert lieber am Unerreichbaren, als das Mögliche zu erreichen. Ist Autonomie nur als Auto-Aggression möglich? Mit anderen Worten: Die Teilnahme muß frei bleiben, und wer die Siegeschance nicht mit dem Verlustrisiko bezahlen will, sollte dafür nicht materiell bestraft sein.

Es geht um freien und chancengleichen Zugang nicht zu einem *kommunikativen Diskurs*, wie Habermas möchte, sondern zu einem dissonanten Konkurrenzkampf. Es war nicht ihre Schuld, daß die altgriechischen Sophisten ihre Redegewalt auf dem freien Markt der Ideen verkaufen mußten, um leben und nachdenken zu können. Die materiell Abgesicherten haben gut reden von objektiven Behauptungen; die materiell Abhängigen sprechen von subjektiver Selbstbehauptung. Jede *Behauptung* ist Selbstbehauptung und geistige Enthauptung des Kontrahenten. Nietzsches Philosophie des Machtwillens war die überkompensatorische Kopfgeburt des erfolglosen Außenseiters, der »hors de concours« lief. Das Paradox besteht also darin, daß der edle Wettstreit erst beginnen kann, wenn die mörderische »Leistungsgesellschaft« aufgehoben sein wird. Das gesellschaftliche Leben ist noch kein Ritterturnier, sondern nur ein materieller Existenzkampf, der sich auch geistiger Waffen bedient.

Wenn die Existenzphilosophen sagen, der Mensch sei eine Transzendenz und sein Wesen bestehe darin, sich selbst zu »überschreiten«, dann läßt sich das auch so verstehen, daß er nicht leben kann, ohne seine Mitmenschen in bestimmten »Disziplinen« zu »übertreffen«. Er ist das Wesen, das Rekordmarken hinausschiebt. Der Kampf gegen die Überquantifizierung der modernen Welt hat auch seine regressive Seite, wenn in der höheren Qualität keine wirkliche Überlegenheit verteidigt wird. Unter der Maske des Miteinander spiele

ein geheimes Gegeneinander, erkannte Heidegger
als Kennzeichen des Man. Man arbeite »eigentlich«
gegeneinander, wenn man sich miteinander verbrü-
dere. Aber das existenzielle »Sich-vorweg-sein«
Heideggers ist eigentlich auch nur ein Sich-hervor-
tun seiner »Jemeinigkeit«. Das existenzielle »Sein-
können« deutet auf Potenz, die bloße Möglichkeit
auf reales Vermögen. Das menschliche Dasein sei
das, „was es in seiner Unbezüglichkeit je selbst ist.“

Das Individuum differenziert sich aus der Masse
seines Verbandes nicht heraus, indem es sich als
Individuum unter anderen erkennt, sondern indem
es andere Mitglieder seines Vereins übertrifft –
in Disziplinen, die diese Mitglieder zusammen-
geführt haben. Dieser Wettkampf zerstört nicht,
sondern schafft erst die mögliche Solidarität, denn
Gemeinsamkeit, die keine symbiotische Zwangs-
integration ist, setzt ausdifferenzierte Individuen
voraus, die gemeinsame Interessen an gerechten
Bedingungen ihrer Auseinandersetzungen entwickeln könnten. Der Sieger ist eine Klasse für sich,
ohne seine Klasse zu verraten. Er fühlt sich schon
heute als Anwalt einer besseren Solidarität von
morgen. An dem Ort, den er erreicht hat, ist er ein-
same Spitze, und »Ort« bedeutet etymologisch
»Speerspitze«. Der Mensch ist ein potentes Poten-

tial, ein abgeschwächtes Ebenbild der göttlichen Allmacht. Selbst das klassische Ideal einer »harmonischen Entfaltung aller Kräfte« kann nicht ganz vergessen machen, daß Kräfte sich messen, Wirkungen zu erzeugen und Geschichte zu beschleunigen. Der Mensch ist also das Wesen, das sich selbst übertrifft?

Heideggers »Grundbefindlichkeit der Angst« läßt sich nicht nur mit Adorno als Klaustrophobie lesen, sondern auch als Rivalitäts- und Prüfungsangst, von anderen überholt zu werden. „Man" überholt einander, aber »ich je selbst in meinem jemeinigen Da-sein« sei mir selbst und allen anderen »immer schon voraus«. Heideggers berühmtes »Vorlaufen zum Tode« bezahlt die Siegeschance mit dem Todesrisiko, und das »eigentliche Ganzsein-können« gehe aufs Ganz(heitlich)e. Das Endspiel hat sein Finale.

Die Grund-Lage des menschlichen Daseins ist die ja jederzeit mögliche Niederlage – gegen andere Existenzen oder Naturgewalten, citius, altius, fortius. Wer springt am höchsten und weitesten aus dem Ur-sprung heraus, welcher Lebenslauf läuft am schnellsten und ist »immer schon« am Ziel? Welcher »Entwurf« wirft den Speer am weitesten, trifft ins Schwarze und ins Tor? Hier entsteht zwanglos die Frage nach den sozialen Startchancen und den Wettbewerbsverzerrungen dieses Glücksrittertums.

Benjamin hat daran erinnert, daß Kunstwerke einander eifersüchtig ausschließen, verdrängen und nicht gelten lassen. Sie lassen sich nur mit Gewalt unter das Dach eines Museums zusammenzwängen und führen einen gnadenlosen Vernichtungskrieg gegeneinander. Wer da das Höchstleistungsprinzip und die Ausscheidungskämpfe ganz abschafft, hebt Künste und Wissenschaften selbst auf. Ein mittelmäßiges Kunstwerk ist auch schon ein mißlungenes, und guter Wille genügt nicht. Der Kapitalismus jenseits des Industrialismus, jenseits der oralen Einverleibung, der Verdauung von Rohstoffen und des analen Ausstoßes von Waren, ist das schöpferische Prinzip selbst, wenn wir von der materiellen Produktion zur geistigen Kreation übergehen.

Vielleicht ist der Mensch weniger ein Rollenspieler auf der sozialen Bühne, wie die Soziologen meinen, als ein Wettkämpfer in der sozialen Arena. Das Rollenspiel des Schwächeren ist die Fortsetzung des Wettkampfs mit anderen Mitteln. Was einander nicht tritt, tritt immer noch gegeneinander an, ohne materielle Vorteile und Rücksichten, Ring frei für

neue Runden! Das Interesse am Sieg gilt ganz zu
Unrecht als unzulässige Verquickung von persönli-
chen mit sachlichen Interessen. Es kann mir gar
nicht um mich selbst gehen, wenn es nicht gegen
andere um die Sache geht, um die es mir nicht gehen kann, wenn es nicht gegen andere um mich
selbst geht : Wie will ein Künstler anerkannt sein,
dessen Narzißmus nicht den Narzißmus seiner Bewunderer befriedigt?

Menschen haben keine Flügel und wollen einander
überflügeln. Jeder Ehrgeizige sucht das Feld, auf
dem er sich vor Mitbewerbern auszeichnen kann,
und die wichtigsten Wettkämpfe wären solche um
die Disziplin, in der ein Sieg ein Sieg wäre über die
Sieger in anderen Sportarten. Ein kaum noch ernst-
genommener philosophischer Grundtopos besagt,
daß der Sieger im Denksport der Sieger über die
Sieger aller Sportarten ist. Und niemand kann auf
allen Ebenen zugleich gegen alle anderen antreten.
Um den Rücken freizuhaben für ihre Spielchen,
haben die Menschen immer einige Betätigungsfel-
der ausdrücklich vom Wettkampf freigehalten und
gleichsam rivalitär neutralisiert.

Die Zivilisation besteht darin, daß das Geistesleben
ein Wettkampf ist, aber nicht auf Leben und Tod.

Theorien haben den unleugbaren Vorteil, daß sie keine Menschen, sondern nur Ideen vernichten, hat Wissenschaftstheoretiker Popper ausdrücklich hervorgehoben. Der geistige Sieger, wenn er einer ist, verhält sich zum Besiegten nicht wie der Herr zum Knecht. Wann wird endlich eine Gesellschaft favorisiert, in der Frauen nicht nur die Sieger sozialer Showdowns und Männer nicht nur die Siegerinnen von Mißwahlen favorisieren? Demokratien stellen Foren für alle zur Verfügung. Es kommt nicht darauf an, das geistige Leben erst zu einem geistigen Überlebenskampf zu machen, sondern zu erkennen, daß es das immer schon war. Und wo man nicht siegen kann, Goethe hat es gewußt, muß man sich in die Liebe und Bewunderung des Überlegenen flüchten. Die Menschen unterscheiden sich nicht zuletzt darin, daß die einen lieber beneidet, die anderen lieber bewundert werden wollen.

Thomas Mann hat es gewußt: die Blonden des Nordens beneiden die Brünetten des Südens, und diese bewundern jene. Wer einen Menschen bewundert, macht ihn zu einem Wunder an Geschicklichkeit oder bestaunt sein schicksalhaftes Naturell. Wunder heben Selbstverständlichkeiten auf. Bewunderung ist neidlose Freude an der anerkannten Überlegenheit anderer, während das Ressentiment an anderen herabsetzt, was es selbst nicht kann und weil es das nicht kann, was es insgeheim doch liebend gern können würde.

Romantik des Romans

Muß der Autor die Wünsche des Publikums erfüllen oder ihm gegen Bezahlung etwas bieten, was Leser aus eigener Kraft nicht schaffen würden und was über sie hinausgeht? Es gibt Autoren, die auf unsere Träume bereitwillig eingehen, auf unsere Sehnsucht nach Luftveränderung, und andere Autoren, die ihren Kunden etwas zumuten, ihnen Fallen stellen, sie irreführen. Aber auch Kafka und Joyce, Musil und Proust schmeicheln ihrem Publikum, das es nur etwas anspruchsvoller liebt, um sich ernst genommen zu fühlen. Wenn es wirklich schwierig wird, nehmen auch deren Leser schnell Reißaus. Musil hat in seinen »Mann ohne Eigenschaften« ganze philosophische Essays einmontiert. So literarisch aufgelockert überfordert uns die strenge Philosophie nicht, so etwas verlangen wir von uns, um uns wichtig nehmen zu können. Aber für authentische Philosophie ist das ja viel zu feuilletonistisch verspielt und für Literatur umgekehrt eben nicht in genügend konkrete Szene gesetzt oder in Handlung aufgelöst. Ist Kafka eine Ausnahme? Er lockt seine Konsumenten aufs Glatteis, er bietet seine ganze Kunst auf, sie ins Zauberreich ihrer eigenen gewohnten Alltäglichkeit zu locken, wo ihnen wohlig warm und heimelig ist, und dann, mit einem Ruck, wenn wir eingelullt nichts Böses mehr ahnen und uns so richtig eingelesen haben und übermütig werden, zack, dieser elegante Genickschlag mit leichter Hand aus heiterem Himmel, die Falltür ins Bodenlose, mitten im schönsten heitergiftigen Frieden.

Plötzlich werden die einfachsten Alltagsverrichtungen ganz unmöglich, der Tausendfüßler denkt an jedes seiner einzelnen Beinchen und weiß nicht mehr, wie er jemals einen einzigen Schritt hat tun können. Achill holt die alte Schildkröte nie mehr ein, weil er gar nicht mehr weiß, wie er sie jemals überholen konnte mit unendlich vielen, unendlich kleinen Trippelschritten. Aber der moderne Leser ist inzwischen gewitzt, wenigstens der, welcher sich auf diese Art von Anti-Büchern überhaupt einläßt. Er erwartet dieses kleine Falschspiel schon, ist auf doppelte Böden und hundert Erzählebenen abonniert und enttäuscht, wenn alles so platt und plan bleibt, wie es eingangs vorgeführt wurde. Es gibt Autoren, die das schon wieder mitberücksichtigen, indem sie die guttrainierte Erwartung des Lesers, in seinen Erwartungen regelmäßig kunstvoll düpiert zu werden, einfach leerlaufen lassen. Aber auch dieses Spielchen läßt sich nur ein- oder zweimal spielen, dann fällt der Käufer auf diese Masche nicht mehr herein. Wie beim Kriminalroman soll es immer dasselbe Schema sein, doch stets verblüffend neuartig ausgefüllt. Kunst : Gefühlsgymnastik. Das Unerwartete wird erwartet, Ruhe in der Unruhe und Bewegung in der Stille sucht der fortschrittliche und fortgeschrittene Leser. Der andere ist ein volkspädagogisches Problem : Wie bringe ich unverbildete oder auch nur unbefangene Leser dazu, vom Autor etwas mehr zu verlangen, als was sie schon kennen? Wie bringe ich den Leser zum Überdruß an sich selbst und mache ihm nicht nur Appetit auf das Vergnügen, immer wieder bestätigt zu bekommen, daß er so, wie er ist, schon ganz in Ordnung ist. Aber auch der anspruchsvolle Kunde hat seine konformistischen kleinen Clichés, von anderen Autoren geweckte Wünsche zum Beispiel. Man muß kein Trivialliterat sein, um diesen sauber kalkulierten Überraschungserwartungen und Choctrainingswünschen mit nur wenig Vergnügen zu entsprechen. Heutige Literatur von Rang sagt uns oft sehr unangenehme Dinge, aber das ist ja das Angenehme für Leute, die von ihrem Narzißmus verlangen, die Augen vor den Nachtseiten des Lebens nicht zu verschließen und auch noch die Beckett-Rennstrecke als Trimmdichpfad zu meistern. Sie genießen ihre Fähigkeit und Bereitschaft, gefährlichen Widrigkeiten nicht auszuweichen, sich dem Negativen zu stellen, sie verbuchen diese Kühnheit des Autors auf ihr persönliches Konto, ein Sport und Initiationsritus, Männlichkeitsprobe und feministischer Härtetest zugleich.

Kunst, das ist Mord und Totschlag, Kugelregen, Elend und Alpträume, Atomkrieg und wohliges Gruseln vom Lehnstuhl aus. Man liefert sich dem reinigenden Stahlbad aus und vergißt für einige Stunden, daß es sich nur um ein Buch handelt, das sich in jeder Sekunde zuklappen läßt und deshalb nicht zugeklappt werden muß. Man wende nicht ein, daß es auch unter die Haut gehende Werke gibt, die nachdenklich machen. Der Leser denkt nie nach. Der Roman läßt ihm die Freiheit, bei der Lektüre seinen trivialen Assoziationen nachzuhängen, alles sofort auf sich zu beziehen, um seine gewohnte Scheiße überall sofort wiederzufinden. Alles im Roman erinnert ihn an das, was er schon sich selbst zurechtgedumpft hat. Aber es gibt doch

Momente unzweifelhafter *Betroffenheit,* wird man sagen. Der Leser ist nie betroffen genug. Sein Abwehrsystem ist stärker. Er ist es, der darüber bestimmt, wie getroffen er sein möchte.

Wenn man einem begeisterten oder erschütterten Leser, der sein Buch gerade geschlossen hat, unter die Schädeldecke schauen könnte! Die Gründe, aus denen große Werke berühmt sind, haben ja selten etwas zu tun mit ihren wirklichen Schönheiten. Ein Roman von Proust wird nicht geschätzt und bewundert auf Grund seiner eigentümlichen literarischen Qualitäten, sondern wegen seiner Ähnlichkeiten mit einem Buch von Mario Simmel, das in einem Roman vom Range Prousts eben auch enthalten ist. Romane, sofern sie nicht ganz einfach langweilig, d.h. schlecht geschrieben sind, müssen ihrem Leser lieb schmeicheln, seinem durchschnittlichen Fassungsvermögen weit entgegenkommen, bis er ihnen erlaubt, ein einschleichend winziges Stückchen gegen den Strich gehen zu dürfen, ungestraft, d.h. ohne daß der kopfscheue Leser das Buch gähnend in die Ecke wirft. Für diesen erbärmlichen Ertrag ist der Aufwand des Autors aber eigentlich zu hoch, und diese homöopathische Medizindosis, die er in einen Zuckerwatteberg verpacken muß, wird am Ende nur als raffinierte Delikatesse goutiert, um überhaupt Gnade zu finden beim Publikum, das sich beweist, wieviel Arsenik und Heroin es inzwischen unbeschadet ungerührt überlebt. Der Künstler ist ein Mensch, der seinem Abnehmer unzählige Komplimente machen muß, um eine vorsichtig kandierte All-Gemeinheit sagen zu dürfen, die dann als bloße Sottise abgewehrt wird, als habe man umgekehrt eine pure Bosheit als nackte Wahrheit verpackt.

Alles muß da eingeschmuggelt und untergemischt werden, also Zumutungen, die am Ende dann doch wieder keine sein dürfen, sondern nur verzuckerte Bittermandeln, die das liebe *Frustrationstoleranz- vermögen* testen durften. Der Roman ist unökono- misch : Berge kreißen und gebären Mäuse. Er tut dem Leser zu viel Gutes an, erweist ihm zu viel Ehre, verzärtelt ihn, kriecht ihm in den Hintern. Welcher gute Autor hat Vergnügen daran, seinen Lesern auch nur das Vergnügen zu bereiten, sich ihrer stolzen Bewältigungskräfte zu freuen? Der Leser hat dieses Entgegenkommen nicht verdient und weiß es auch nicht zu würdigen, ihm ist nicht zu trauen. Ginge es ihm wirklich, wie er beteuert, um Form und Stimmigkeit der Werke, würde er keine Mühe scheuen, in ihren Geist und in ihre Eigenlogik einzudringen. Dann aber wäre auch die

Philosophie nicht verschrieen als ein Kinderschreck und Brechmittel und Folterwerkzeug. Was wir von philosophischen Werken sagen, gilt genauso von unseren ausgesuchten Lieblingsromanen und Lieblingssachbüchern : Much ado about nothing. Aber der attackierte Leser wird antworten : Der Autor lenkt nur von seiner Impotenz ab, mich zufriedenzustellen, indem er meine Impotenz behauptet, mich vom Autor befriedigen zu lassen. Sind das mehr als nur Retourkutschen und Ressentiments? Es gilt eben nicht, König Kunde nach dem Maul zu schreiben, auch nicht dem gutwillig Beflissenen, opferbereit Lernwilligen oder dem, der sich grundlos dafür hält. Beide sind Faulpelze, die es sich nur leicht machen wollen und für ihr bißchen Geld und für nachlässige Aufmerksamkeit gleich auf vollen Händen getragen werden möchten, umworben und verwöhnt, bestochen von raschen, allzu bequemen Genüssen ohne Reue. Sartre hat Unrecht, Lesen ist kein gelenktes Schaffen, es ist gelenktes Abschlaffen. Die Klientel ist geschafft und sucht nur Erhebung zum Nulltarif. Noch Becketts Ungenießbarkeit wird nur genossen. Ham und Clov, Lucky und Pozzo, Wladimir und Estragon, Molloy und Malone sind sogar mir noch unterlegen, der dem Autor unterlegen ist.

Aber was das endlose Ende aller Gespräche zeigen will, wirkt, gemessen am heute üblichen Comicsprechenblasenkatarrh und Stummeldeutsch-Autismus, schon wieder voller Witz, Esprit und Eleganz. Die Klassiker der Moderne sind von der Realität überholt. Kafka: Maßgerechte Selbstrechtfertigung aller Pechvögel, Tölpel und Vorstadtneurotiker, die aus der Not, den Anschluß an bürgerliche Minimalstandards nicht zu schaffen, ihre geistige Tugend machen müssen. Wer es nicht hinbekommt, darf sich mit Kafka als prestigeträchtiges Opfer irgendwelcher Schlösser und Prozesse fühlen, wenn es weder zu einem Schloßbeamten noch zu einem Prozeßgewinn reicht.

Die sinnlichen Künste werden aus Angst vor philosophischer Verkopfung geliebt und umgekehrt die banalen Weltanschauungstraktate und Kompress-Essays aus Angst vor der Komplexität der großen Kunstwerke. Literatur soll belehren, Philosophie aber launig unterhalten, es ist eine einzige matschige Konfusion. Viel zu viele Autoren rennen viel zu vielen Lesern nach und bequemen sich ihren Voraussetzungen an, indem sie sich pädagogisch auf die begrenzte Fassungskraft ihrer Zöglinge berufen. Der Autor soll sich aber verständlich machen und nicht herablassen. Er soll das Buch so hoch hängen, daß der Leser sich ordentlich recken und strecken muß, aber nicht so hoch, daß kein Springer es erreichen kann. Ein Schriftsteller sollte *für* das Schreiben und nicht *vom* Schreiben leben. Durch die Industrie wird alter kultureller Bedarf gedeckt und immer neuer materieller Bedarf geweckt. Umgekehrt würde aber mehr als nur ein Schuh daraus: Materielle Bedürfnisse wollen gedeckt und neue intellektuelle Bedürfnisse geweckt werden.

Geistreich oder geisteswissenschaftlich?

„Anders als in England und Frankreich wurde in Deutschland die Moralistik auch nie zu einem prägenden Teil der Literatur ... Auch spielten typische moralistische Ausdrucksmittel wie der Aphorismus oder der Essay in der deutschen Literatur nur eine periphere Rolle ... ohne dass sich ... eine moralistische Tradition herausgebildet hätte ... " (*Robert Zimmer*: „Die europäischen Moralisten", Hamburg 1999, S. 119) „Aber war die Zusammenhanglosigkeit etwas anderes als das Versteck einer aufregenderen Ordnung, die wir Zug um Zug erst entdecken sollten?" *(Botho Strauß,* „Der Untenstehende auf Zehenspitzen", München 2004)

„Was in den Augen der Gesellschaft die schwerste Sünde ist, deren ein Bürger sich schuldig machen kann, nämlich die Kontemplation, (ist) in den Augen der Höchstkultivierten die eigentlich menschenwürdige Beschäftigung." *(Oscar Wilde,* Werke VII, S. 117, Frankfurt a. M. 1982)

„Am meisten erreicht man, wenn man den Lustgewinn aus den Quellen psychischer und intellektueller Arbeit genügend zu erhöhen versteht. Das Schicksal kann einem dann wenig anhaben. Die Befriedigung solcher Art, wie die Freude des Künstlers am Schaffen, an der Verkörperung seiner Phantasiegebilde, die des Forschers an der Lösung von Problemen und am Erkennen der Wahrheit, haben eine besondere Qualität, die wir gewiß eines Tages werden metapsychologisch charakterisieren können." *(Freud* : „Das Unbehagen in der Kultur", 1930)

Die *metaphysica specialis* meint Gott und die Welt und die Seele, heute nicht einmal mehr *regulative Ideen,* also monotheistischer Urgrund, Platos objektive Idee und Kants subjektive Vernunft.

Nichts davon scheint übriggeblieben: Gott ist totgesagt, Ideen sind eher im Kopf als im Kosmos, und Kants „praktische Vernunft", wenn nicht ökonomisch oder triebtechnisch entmachtet, ist bloß noch politische Gesinnungsethik. Ein Hegel rehabilitierte dann Platos kosmisch objektivierte Ideen, aber nicht auf der Basis von Kants transzendentaler Ideendialektik, sondern auf der Basis von Fichtes *entfremdeter Subjektivität* (H. Schmitz). Er brachte in die Welt eindeutiger Zuordnungen eine Unterwelt ambivalenter Mehrdeutigkeiten. Nicht Kants Urteilskraft wie bei Schiller, sondern Fichtes Einbildungskraft wie bei Fr. Schlegel musste jetzt die platonischen Ideen im Logos wie im Kosmos rekonstruieren und war damit überfordert, nicht nur kulturelle Standpunkte, sondern auch natürliche Realität darzustellen. „Daher muss auf Kant zurückgegangen werden", wenn Vernunft im Logos und im Kosmos einmal transzendental-(inter)subjektiv rekonstruiert wird oder evolutionstheoretisch zwischen objektiver Natur und subjektiver Kultur – ohne den göttlichen Dritten im Bunde ist die Rechnung ohne den Wirt gemacht.

Die *geistige Wel*t ist nicht additiv zusammengesetzt aus unteilbaren philosophischen Elementarteilchen, in die sie jedoch zerlegt werden kann. Sie ist mehr und anders als die bloße Summe von Aphorismen. Die *Welt des Geistes*, als mehr oder minder getreuer Weltspiegel, ist ein unerschöpfliches Kontinuum, aus dem sich potentiell unzählige, also überabzählbare Mengen spezifizierter Einzelsentenzen Satz für Satz sprachlich *explizieren* lassen, ohne dass sich umgekehrt von ihnen ein gemeinsames Weltbild induktiv *abstrahieren* ließe. Kein sachhaltig-sprachmächtiger Einzelaphorismus kann dieses affektiv-kognitive Kontinuum endgültig verifizieren oder falsifizieren, weil er das paradigmatisch große Ganze mikrokosmisch symbolisiert und daher nicht dementieren kann, wie jede empirische Einzelbeobachtung nur *theoriebeladen* formulierbar ist. Ein „Weltbild" läßt sich aus dieser immer unvollständigen Menge diskreter *Elementarurteilchen* nicht zusammenstückeln, weil die gnomischen Sätze und Gegensätze dieses allgemeine Weltbild, aus dem sie sprachlich pointiert herausgelöst wurden, immer schon voraussetzen als Bedingung ihrer Möglichkeit. In jedem geistigen Standpunkt können diskrepante, inkompatible oder inkonsistente Pointen zusammengerührt sein, ohne ihn zu sprengen : sie werden einzeln mitexpliziert. Jeder Standpunkt läßt sich zu einer eindeutigen Anzahl mehrdeutiger Pointen ausdifferenzieren, d.h. viele Aphorismen verbindet dasselbe Kontinuum und dasselbe Individuum, das sie einzeln Satz für Satz aus ihm befreit. Sie verbinden sich zum Gesamtbild vom Ganzen, dem sie entstammen, durch die Subjektivität, die sie herausholt.

Lechts oder Rinks?

Sozialismus nennen wir, um saubere Begriffsklä-
rung bemüht, jene besondere Ideologie, die als universale Ideologiekritik auftritt und aus der Not, den
Kapitalismus nicht einholen zu können, die Tugend
macht, ihn immer schon überholt zu haben, und
die sich nicht demokratisieren kann, ohne sich
kapitalistisch aufzuheben. Daß der demokratisch
wirksame Kapitalismus diesen Sozialismus, der
eher die Krise selbst als ihr Ende ist, weder vor
noch hinter sich hat, ist ein Beweis seiner histori-
schen Lebensfähigkeit und nicht seiner Alters-
schwäche. Der Kapitalismus ist das Wesen des Industrialismus und nicht dessen Kinderkrankheit. Es
gibt keinen „Konsumterror", aber einen Terror
derer, die ihn überall bekämpfen, um das westliche
System zu sprengen, obwohl doch nichts leichter
war, als im Westen den Videorecorder nicht zu
kaufen, den der Ostblock gar nicht erst herstellte.
Ich persönlich brauche dieses Ding nicht, aber es
muß im Schaufenster liegen, damit ich entscheiden
kann, keinen Gebrauch davon zu machen. Eher
bricht der Sozialismus zusammen, wenn ich mehr
Kauf- und Arbeitskraft aufbringe, als der Kapita-

lismus, wenn ich weder Kauf- noch Arbeitskraft aufwende. Das Kapital kann eine ganze Menge an Konsum-Boykotteuren und Systemverweigerern überleben, und nur das Kapital als unspezialisiertes Potential bringt das fertig, wie alle Antikapitalisten wissen.

Der kapitalistische Kulturmarkt z.B. verkraftete mehr antikapitalistische Bücher als jeder realsozialistische und ist auf anti-sozialistische Bücher so wenig angewiesen, daß er sie in den sozialistischen Büchern selber sieht. Bücher lassen sich bekanntlich auf mindestens zwei Arten von ihrem potentiellen Publikum trennen : indem man kein einziges gutes Buch druckt oder indem man alle Bücher drucken läßt, die guten wie die schlechten. Der Kapitalist trennt ein gutes Buch von seinen Lesern nicht, indem er es verbietet, sondern in einem Meer dummer Bücher unsichtbar werden läßt. Aber man muß schon Linker sein, um das Überangebot als praktische Zensur denunzieren zu können. Unterm Kapital muß ich vielleicht erst zehn schlechte Bücher lesen, um auf ein gutes zu treffen, aber unter Sozialisten lese ich besser die tausend miserablen überhaupt nicht, weil ich sicher sein darf, daß das 1001. um nichts besser sein wird. Mancher will Dialektiker sein und versteigt sich zur These, im

Kapitalismus sei kulturell alles erlaubt, weil es praktisch wirkungslos bleibe und damit es folgenlos verpuffe. In Büchern dürfe zu Dingen aufgerufen werden, die in Wirklichkeit die Polizei auf den Plan rufen, wie eine aufreizend dekolletierte Dame nach dem Beschützer ruft, wenn ein Naiver das Angebot zu wörtlich nimmt und sich einfach bedienen möchte. In Diktaturen, heißt es gewitzt, übe ein Werk umso mehr Wirkung aus, je verbotener es sei. Nur an seinen verbotenen Früchten sei jeder zu erkennen, weil das Tabu gerechtfertigt sei als Stimulans, es zu verletzen. Im Westen mache nichts Spaß, weil alles erlaubt sei; im Osten machte bis vor kurzem alles Spaß, weil alles verboten war. Wahr ist, daß im Westen jede Freiheit verbrieft, aber nicht jede Freiheit auch von jedem genutzt wird. Es sind immer dieselben, die im Westen Gebrauch machen von ihrer Meinungsfreiheit, als wäre z.B. Religionsfreiheit bloße Religionslosigkeit. Der langsame Übergang zur Demokratie ist nicht die Übung, erst einmal halbe Rechte voll auszuüben, sondern die vollen Rechte erst einmal teilweise wahrzunehmen.

Eher verliere ich meinen Arbeitsplatz und der Kapitalismus einen Kunden, als daß er zusammenbricht an meiner Begeisterung für ihn. Vielleicht verkaufen die Konzerne keine Waren, sondern durch sie hindurch eine Poesie und Philosophie, aber die ist so wenig unwiderstehlich wie jede Poesie und Philosophie sonst. Wer den Hegels und Hölderlins spielend widersteht, sollte plötzlich willenloses Opfer der Metaphysik einer Seifensorte werden? Max Horkheimer wollte das Schlimme am amerikanischen Kaugummi nicht darin sehen, daß es den Hang zur Metaphysik beeinträchtige, sondern selbst eine Metaphysik sei. Aber muß man Metaphysiker sein, um dem Kaugummi, und ein Amerikaner sein, um dem metaphysischen Denken zu widerstehen?

Ende der Sechzigerjahre wurde eine etwas scholastische Diskussion darüber geführt, ob es Unterscheidungskriterien gebe zwischen wahren und falschen Bedürfnissen, zwischen solchen also, die von der Industrie erst geweckt werden, und anderen, die von ihr nie befriedigt werden. Nun ist es ja nicht so, daß die Schaufenster nicht voller köstlicher Wünschbarkeiten sind und daß nicht mit schönen Frauen *für* schöne Waren wie mit schönen Waren *um* schöne Frauen geworben würde. Was diese Dinge, die das Leben verschönern und erleichtern, so empfindlich entwertet, ist ihr hoher Preis noch da, wo die Konkurrenz noch teurer ist.

Vom Proletarier müssen sie bezahlt werden mit schwerer Arbeit, die dadurch nicht sinnvoller wird. Nur wenige Dinge sind dem, der nachdenkt, die zu ihrem Erwerb nötige Arbeitszeit wert, und der Einsichtige weiß Besseres, als nun dafür zu schuften. Kurz : Man würde sie ganz souverän geschenkt nehmen, aber keinen Finger dafür rühren. Das meiste davon lohnt nicht die Mühe, es sich auch nur zu wünschen, und ein Leben fängt an, lebenswert zu werden, wenn es sich zu schade ist, für solchen Schundluxus und Luxusschund vertan zu werden.

Seit es die staatliche Schulpflicht auch für angehende Arbeiter gibt, damit sie mindestqualifiziert den Bürgern überhaupt nützlich werden können und sei es durch Ersetzung ihrer analphabetischen Unterschriftkreuze durch nicht minder analphabetische Wahlkreuze, haben die Bürger, indem sie ihre Diener ausbildeten, laut Marx ihre potent(iell)en Totengräber schon mitgezüchtet wie nur Nietzsche seine Über- und Untermenschen. Man kann den Blaumännern nämlich nicht Rechnen, Lesen und Schreiben beibringen, ohne Gefahr zu laufen, daß einige damit nicht nur die BILD-Zeitung lesen, bis drei zählen und immer mit dem Schlimmsten rechnen, sondern sich eigene Chancen ausrechnen, indem sie selber Bücher lesen und schreiben, was bei Marx und Brecht noch nicht vorkommt. Man kann nicht viele nützliche Idioten züchten, ohne einige *unnütze Fresser* zu potentiell gefährlichen Mitwissern zu qualifizieren. Der Klassenkampf sollte den Sozialismus überleben, der ihn verhindert hatte. Der Arbeiter sollte keineswegs mit Marx auf den Industrialismus setzen, aber wenn er auf die Industrie hofft, um seine Hände frei zu bekommen, sollte er nicht mit eigenen Händen tun wollen, was Fließbänder besser können.

Weltherrscher und Weltbilder

Adorno hatte jeder Großphilosophie die imperiale Geste vorgehalten. Nur durch Reflexion könne das Denken sich bewahren vor der begriffsimperialistischen Versuchung, wenn universale Professorenbegriffe den Griff nach der Weltherrschaft sublimieren innerhalb von Universitätsmauern. Wer nicht als großer Feldherr durch Kriege die Welt in den Griff kriegt, will sie als großer Philosoph wenigstens durch Bücher in den Begriff bekommen.

Wer auf seinen Schultern noch ein wenig weitersehen kann als Adorno, wird finden, daß große Weltanschauer verdächtig häufig im Schatten großer Welteroberer auftauchen, die genügend Licht, Luft und Weite geschaffen haben. Wer nicht mystisch versenkt ist auf den Grund der Dinge, benutzt seine Gedankenflüge als Aufklärungsflugzeuge mit großer Weltreichweite bis tief ins Hinterland des erklärten Gegners und Rivalen. Viel häufiger kommt das Denken in Bewegung, wenn die Welt in Bewegung gerät, als umgekehrt, und das hat der Idealist Hegel so wenig verkannt wie sein Gegner Marx.

Wenn Adorno am Denken rügte, daß es alles schände und vergewaltige, was es begreife, dann zeigt sich die von Hegel geforderte 'Anstrengung des Begriffs' dem harten Griff der Gewaltherrscher abgeborgt und nachgebildet. Marx und Engels sprachen von großen Massen, Hegel und Freud sprachen von großen Männern. Marx hatte die Philosophie als den abstrakten Reflex konkreter geschichtlicher Bewegungen und gesellschaftlicher Kräftekonstellationen begriffen und hätte Freud als einen Idealisten abgetan, der dem Kommunismus vorwarf, sowohl die Macht des kollektiven Über-Ichs als auch den Einfluß 'welthistorischer Individuen' (Hegel) zu unterschätzen. Massenindustrie oder Fleiß der Großen, beide haben Recht. Weltherrscher haben soziale Erdrutsche und historische Beschleunigungen forciert und katalysiert in einer die Phantasie von jeher beflügelnden Weise. Jede Weltmacht will im Einklang mit dem Weltgeist stehen, aber der Geist sollte eine jede Kumpanei mit der Macht meiden, läßt sich mindestens von Adorno lernen. Jede Philosophie will die Aufklärung sein, sie stürzt ihre Vorgängerin durch Entlarvung ungewollter Irrtümer und bewußter Irreführungen. Aufklärung über die Schandtaten einer machthabenden Ideologie ist immer nur zu erwarten durch die liebe Konkurrenz, die für diesen Dienst am Volke mit der Alleinherrschaft belohnt werden will und dann bezahlt werden muß.

Getauscht wird nicht nur Schutz gegen Gehorsam, sondern auch Aufklärung über andere gegen neue Lügen über sich selbst. Auffällig viele Dichter und Denker wurden berühmt im Gefolge übergroßer Weltkriegshelden und Oberbefehlshaber, Tyrannen und Geschichtspromotoren. Der Krieg ist der Vater auch aller Gedankendinge, ob es einem paßt oder nicht, und auf hundert Kriege gegen starke Herrscher kommt bekanntlich kaum eine einzige Revolution gegen schwache Herrscher, wissen alle Reaktionäre und Revolutionäre sehr gut. Philosophie, Hegel hatte es Goethe erklärt, ist 'organisierter Widerspruchsgeist', besser organisiert als geistreich widersprechend. Sie ist Polemik, und *polemos* ist der Krieg, ob die Waffen nun aus Stahl oder aus Sprache bestehen. Daß auch der Denker zu diesen Siegern gehören will, sei nicht zu ändern, aber ins Bewußtsein aufzunehmen, um nicht lediglich aus der Not eine Tugend zu machen, meinte Adorno.

Plato hatte nur die kleinen Tyrannen von Syrakus zur Verfügung und die dreißig Tyrannen von Athen, zu denen auch sein Onkel gehörte. Als guter Pythagoreer mystifizierte der Adlige die Mathematik, und der Mystik lieh er den wissenschaftlichen Putz der Geometrie. Sein Reich war nicht von dieser Welt, das geistige Reich seines größten Schülers *Aristoteles* aber war von dieser Welt, weil diese Welt erobert wurde durch das Heer eines einzigen Mannes. Ist es wirklich Zufall, daß Aristoteles die objektive Welt erforschte, die sein Schüler *Alexander der Große* gerade eroberte? Der eine war forsch, der andere forschte in seinen Spuren. Die wahre Welt sah Plato in seinen eigenen Ideen und Aristoteles in der weiten Welt draußen. Platos Idealismus war mystische Mathematik und mathematische Mystik, Erinnerung an das Goldene Zeitalter vor der Geburt; der Empirismus seines Meisterschülers aber war ein grenzüberschreitender Gedankenverkehr und erkundete die von Alexander eroberte Welt. Aristoteles blieb Bürger seiner kleinen Polis, Plato wäre in seinem eigenen Idealstaat verhaftet worden.

Vielleicht hatte Aristoteles genau das verhindern wollen, aber ganz ohne Alexander den Großen hätte er keinen großen Gedanken fassen und kein Bewußtsein erweitern können bis zum heutigen Tage. Die philosophische Bewußtseinserweiterung folgt den Expansionspolitikern. Nicht nur Plato, sondern auch Alexander hat ihn zu Aristoteles gemacht. Der Meisterschüler des Plato wurde er, weil er der Schüler seines Schülers Alexander war. Wer jemals mit dem Begriff auf Alexander zurückgriff, dachte an das Universum von Gibraltar bis nach Indien. Ein Alexander der Große war der Aristoteles der Weltpolitik in der athenischen Polis, und Aristoteles war der Alexander der Weltphilosophie. Ein *Augustinus* schrieb sein Hauptwerk „Gottesstaat", als das römische Reich zerfiel; er schrieb für das Gottesreich gegen alle Weltreiche. Ein gutes Jahrzehnt nach dem Tod des *Descartes* begann *Ludwig XIV.* mit dem cartesianischen Zeitalter des aufgeklärten Absolutismus, und Leibniz ließ sich inspirieren von diesem Paris des Descartes. *Leibniz* konnte von Descartes nur lernen, weil beide Lehrlinge der französischen Könige waren. Leibniz versuchte vergebens, dem Franzosenherrscher einen von Napoleon später studierten Ägyptenfeldzug schmackhaft zu machen, um ihn vom Überfall auf Deutschland abzulenken. Wenn kein grenzüberschreitender Welteroberer all die europäischen Kleinstaatereien und protestantischen Sekten überrannte, verzweifelte der philosophische Generalzweifel leicht in seinem Schädelgehäuse. Der Geistesheld muß subjektiv die Welt erschaffen, die der Kriegsheld nicht objektiv schafft. Die große weite Welt wird zum eigenen Ich gemacht oder das kleine Ich zur ganzen Welt erhoben. Entweder greift der Denker mit dem Kriegsheld ins große Ganze aus oder sucht ohne Imperator sein mystisches Heil in den engen Weiten seiner eigenen Brust. Das philosophische Prinzip abstrahiert immer von einem großen Prinzipal, der es dann angeblich nur vom Himmel auf die Erde heruntergeholt haben soll. *Kants* enges Königsberg und sein intelligibles Ich war so viel größer als seine empirische Subjektivität, wie *Friedrich der Große* mit Voltaires Gedanken im Kopf über Sachsen herfiel und ganz Europa zu einem absolutistisch aufgeklärten Großpreußen machen wollte.

Kant verkörperte den Schulbegriff der Philosophie, Aristoteles ihren Weltbegriff um genau so viel, wie Alexander der Große größer dachte als Friedrich der Große. *Fichte* blieb borussisch beschränkter Jakobiner, soweit *Robespierre* auf die französische Revolution beschränkt blieb. Fichte wollte die urdeutsche Revolution, und als sie nicht anders kommen wollte als in Gestalt des *Code Na-*

poleon, erkannte er sie nicht wieder. Fichte sah in Napoleon den kaiserlichen Verräter, *Hegel* sah im 'Weltgeist zu Pferde' aber den europäischen Vollstrecker der Französischen Revolution. Beide erkannten nicht, daß Napoleon die amerikanische Revolution über ganz Europa und die ganze Welt bringen wollte. Ein Schlüssel zu Hegels Idealismus ist der Code Napoléon, und die deutsche Kleinstaaterei mit ihrer protestantischen Landesfürstenherrlichkeit sah Hegel am besten 'aufgehoben' in den Revolutionsheeren, die schon die Europäische Gemeinschaft realisierten. Hegel war eher der Napoleon der Philosophie des 19. Jahrhunderts, als daß Napoleon der Hegel der Weltpolitik war.

Das gepanzerte Avancieren des Weltgeistes sah Hegel siegen über das eitle subjektive Raisonnieren und begrüßte es. Was an Dichter Goethe und Denker Hegel zukunftsweisend gewesen ist, war amerikanisch inspirierter Napoleonismus. *Marx* war Bewunderer *Bismarcks*. Im Krieg von 1870 sah er den Export des deutschen Sozialismus in das Vaterland der Grande Révolution, aber weltpolitisch wurde Marx erst durch den Usurpator und Weltreichgründer *Lenin*. Martin *Heidegger* wurde der größte Philosoph des 20. Jahrhunderts, als er der geistige Anführer eines neuen Reiches sein wollte. Was ihn einflußreich machte bis heute, stammt vom Charisma eines Welteroberers nicht anders, als wie ein Ernst *Bloch* der stimmgewaltige Philosoph des gewalttätigen Weltkriegsherrn *Stalin* war.

Philosophie will uns die Augen öffnen, Mystik verschließt die Augen vor der Welt, um sie besser zu sehen. Um Wahrheit und Klarheit mag es beiden gehen. Philosophen suchen Gewißheit gegen den Zweifel in Zeiten, die alles umwälzen, Mystiker finden Trost gegen die Verzweiflung in Zeiten, wo Geschichte stockt und nicht recht weitergehen will.

Programm

Man macht geistige Arbeiten nicht, weil man zufällig Talent hat. Eher umgekehrt. Wer damit anfängt, weiß in aller Regel nicht, ob sein Talent dafür ausreicht. Er weiß es auch am Ende nicht. Er weiß nur eins: Wenn etwas Brauchbares herauskommt, wird er ausreichend Begabung dafür gehabt haben. Er arbeitet weder für die unbekannte Nachwelt noch für die liebe Mitwelt, und würde auch durchhalten, wenn er die Garantie hätte (die es zum Glück nie gibt), dass niemand sich je für die Ergebnisse seiner Bemühungen interessieren wird. Ein bisschen Abwechslung in Spiel und Spaß, Konsum und Komfort nimmt so einer gern mit, wenn sie sich zufällig bieten, aber das genügt ihm nicht, und er würde nie sehr viel dafür tun. Wenn zu entscheiden wäre, fiele ihm die Wahl nicht schwer. Und diese Arbeiten haben entweder gar keinen Sinn oder ihren Sinn in sich selber und nicht in einem zweifelhaften und unerlebbaren Nachruhm. Die Frage ist : Hat man umsonst gelebt? Ein Leben ohne solches Arbeiten kommt einem, der es mit diesem Arbeiten versucht hat, eher fade, albern und sinnlos vor. Kurzum : Am Anfang steht kein mysteriöses Naturtalent, sondern immer neue Verwunderung, bohrendes Wissenwollen und ausdauernde Besessenheit (die Platon eine *mania* nannte). Das ist alles, und man macht das, weil man nichts Besseres kann. Der Sinn des Lebens ist geistige Durchdringung der Welt und dann Rechenschaft und Zeugnis abzulegen von dem, was man gesehen hat oder haben will.

Ist Philosophie nur noch als 'Philognomie' möglich, als Liebe zum Witz an der Sache? In Aphorismen entlädt sich (geistes)blitzartig die unlösbare Spannung zwischen besonderer Lebenserfahrung und allgemeingültigen Wissen(schaft)ssystemen. Versucht wird eine Rehabilitierung des Aphorismus nicht nur als zu kurz kommende literarische Gattung, sondern auch als stets unterschätzte philosophische Form. Dieser „Priester, der jedes Paar kopuliert" und zugleich scheidet, identifiziert alles, „was von sich selbst verschieden ist und instabil flackert" *(Hermann Schmitz)* zwischen Gefühl und Gedanke : Irritierend unentschieden läßt er, ob weder etwas noch sein Gegenteil entschieden sei. Fragmente eines Nachsokratikers stellen sich in eine Tradition, die von Anfang an die große systematische Schulphilosophie apokryph unterwandert: Von den medizinischen Heilregeln des Sophisten *Hippokrates* und von *Heraklits* frühdialektischen Rätselsprüchen ging es dann über

Bacons antischolastische Forschungsaphorismen und *Pascals* religiöse Spruchweisheit, lebensphilosophische Paradoxa der *'Französischen Moralisten'*, *Lichtenbergs* pietistisch-empirische Aufklärungspointen, *Friedrich Schlegels* frühromantisch fragmentierten Idealismus bis hin zu *Nietzsches* aphoristischer Ideologiekritik, *Wittgensteins* logico-atomistischem linguistic turn' und schließlich zu *Adornos* System der rational vernunftkritischen und systemsprengenden Fragmente.

Den verdienten Zusammenbruch des Sozialismus überlebt die Klassenfrage und die linke Idee, hinter Ideologien materielle Interessen zu suchen. Links sein heißt, auf der Seite der Schwächsten stehen, und wer ist hilfloser und unschuldiger als ungeborene Kinder? Das Fatalste ist nicht der heutige Massenmord an Ungeborenen, sondern seine Umdeutung zur Selbstbefreiung der Frau, aber die soziale Revolution ist ohne B(evölkerungs)-Bombe unmöglich: Proletarische *Menschenspringfluten* sind Sintfluten gegen Paläste. Die Wirtschaft hat der Bevölkerung zu dienen und nicht die Familienplanung umgekehrt der Industrie. Menschen bleiben die Kinder, die sie nicht wollen. Wer schützt das Kind vor Abtreiber(inne)n, die es vor Giften, Müll und Strahlen schützen wollen? Ist der Neofeminismus nur eine misanthropische Ideologie zur Verhütung der Emanzipation besonders von Arbeiterinnen?

Die aufgeklärte Proletarierin aller Länder geht nicht nach Abtreibungen in die Fabrik, sondern macht zusammen mit vielen Kindern ihr Heim zu einer Volkshochschule, um ihren Mann zur Nachahmung zu verführen. Bisher haben „Arbeiterbewegungen" den „Prolo" nur mobilisiert. Er müßte selber der Geistesarbeiter werden, der ihn stets nur (an)führte, und der patriarchale Monotheismus ist plebejische Ur-Theorie proletarischer Sklavenselbstbefreiung.

Zur Religion hielt Philosophie lange zu geringe und hält sie heute zu große Distanz. Die wirkmächtigsten Denker wie Platon und Aristoteles, Descartes, Spinoza und Leibniz, Kant und Hegel, Kierkegaard, Husserl und Wittgenstein waren gar keine Atheisten und Agnostiker gewesen, die zeitgenössischen sind es aber zumeist, als wären sie nur gehorsame Kinder ihrer säkularen Zeit. Kant sah noch alle Wissenschaften abhängen von der *regulativen* Gottesidee, und Hegel folgte ihm. Antitheismus wurde zum akademischen Standardmodell des Westens, doch der Monotheismus hat seine aufgeklärten Verächter inzwischen überlebt und ist weltweit längst wieder auferstanden von den Totgesagten – ohne den „ollen

Jott" wären Sozialrevolutionen von Arbeitssklaven global vermutlich ziemlich aussichtslos.

Die *vita contemplativa* und reine *theoria* des gotterschaffenen Kosmos werden hier gegen jeden Neopragmatismus und sozialtechnischen Aktionismus verteidigt, um die freigesetzte neuzeitliche Subjektivität in den fälschlich schon verabschiedeten metaphysischen Kosmos zurückzubetten. Der rehabilitierte antike *bios theoretikós* wird gut rationalistisch als logischer Platonismus interpretiert.

+ + +

Urheberrechtsschutz für jeden Scheißdreck?

Goethes Werke durfte zu dessen Lebzeiten noch jeder Hans und Franz kostenlos und ungestraft nachdrucken und gewinnträchtig verschleudern. Goethe presste seinem Verleger schon für seine Zeit exorbitante Honorare ab, aber Cotta konnte seinen berühmtesten Autor noch nicht vor billigen Raubdruckern schützen. Das Urheberrecht wollte erst erkämpft werden, und Goethe trug mehr dazu bei, als mancher ahnt.

Ich selbst bin ein armer Autor, aber nicht, weil ich beklaut werde, sondern weil einfach niemand mich um mein geistiges Eigentum bringen will. Manche sollten sich doch glücklich schätzen, wenn ich ihr Urheberrecht verletzen und ihrem Dünnpfiff meinen werten Namen leihen würde, sagt sich mancher Künstler und "Kreative".

Mindestens 97 % all dessen, was zu jeder Zeit geistig, künstlerisch und kulturell produziert, verlegt, gelabelt, geleast, verhökert oder was-weiß-ich wird, ist doch seinen Urheberrechtsschutz gar nicht wert und würde durch kommerzielle Enteignung eher noch geadelt. Wer und was ein Urheberrecht verdienen würde an Goldkörnchen, ist so extrem dünn gesät, dass es unter den vielen Schrottbergen meist überhaupt nicht auffällt und von den tonangebenden Stümper-Kitschiers unseres Kulturbetriebs gar nicht erkannt wird, geschweige denn anerkannt. Anders gesagt, mit Antoine de Rivarol : Unscheinbarkeit, *obscurité*, schützt besser als jedes Recht – auch und gerade in der sogenannten Kultur. Und am unsichtbarsten war immer das qualitativ Vollkommenste.

Ich plädiere ja auch eher für das genaue Gegenteil. Strikter Urheberrechtsschutz : Ja, natürlich, aber nur für die umwelt- und innenweltverschmutzenden Elaborate der Popkulturindustrie und ihren volksverdummenden Unwertstofffabriken, für all diese alltäglich aus allen Lautsprechern, Plattformen, Portalen, MP3-Playern, Streaming-Diensten und Lifestyle-Gazetten quellende und dampfende und auch lebenszeitverschwendende Geisteskacke der *kulturschaffenden* Mistschleudern in Ton, Farbe, Bild und Schrift.

Sport, Massenmedien, Bullshit-Serials,
Trivialliteratur, Comics, Popmusik ...

"Spirituell" parfümierte und liberalistisch abgeseg-
nete Kotmassen, die als progressiv daherkommen,
haben und begraben Tag vor Tag alle(s) unter sich,
ganz (l)egal.

Wer sich "Popkultur" und verwandte Trashware
"runterladen" will von den Müllcontainern, sollte
zur gerechten Strafe für diese geistige Bankrott-
erklärung kräftig zur Kasse gebeten und gehörig zur
finanziellen Ader gelassen werden. Wer *für* den
grenzdebilen U-Kulturdreck leben will, der sollte
auch *von* ihm gut leben können; er hat es verdient,
sich daran dumm und dämlich zu verdienen, und wir
enthirnten Fans haben es verdient, ihn daran krass
verdienen und uns von ihm ausnehmen zu lassen.

Andererseits ist es ebenso anständig, *für* Werke der
Kunst und des Geistes zu leben, wie es unanständig
ist, *von* ihnen leben zu wollen. Max Horkheimer
z.B. warf dem Schriftsteller Thomas Mann (laut
Alfred Döblin „die Bügelfalte als Stilprinzip") ganz
zu Recht vor, finanziell eher von seinen Büchern zu
leben als von der reichen Familie seiner Ehefrau.
(Mann soll bei aller Kritikempfindlichkeit seine
eigenen Bücher in hellsichtigen Momenten übrigens
selbst nur für ein „gepflegtes Mittelmaß" gehalten
haben.)

Kurzum : Die Werke der authentischen Hochkultur sollten ohne Wenn und Aber gemeinfrei sein vom Tage der Veröffentlichung an. "Open Access" für Hegels "Logik", Einsteins Entdeckungen, Bacons Bilder, Alban Bergs Musik und George Saikos Romane, und das nicht erst 70 Jahre nach dem Tode des Urhebers. (Nimmt sowieso kein Schwein, ob es nun sündhaft teuer oder gratis zu haben ist.) But no and never *open access* for Pop & Co., please!

Ich frage : Hat denn der, welcher sich meine Gedanken zu eigen macht, mich um mein geistiges Eigentum gebracht? Oder hat mein Urheberrecht erst derjenige verletzt, welcher meinen geistigen Abfalleimer unter seinem eigenen Namen auf den Markt wirft, anpreist, multi-verwertet, „upgraded“, verramscht und mit seinen fremden Federn schmückt ?

Und das Reaktionärste ist, dass solche Philippika wie diese dann als reaktionär abgetan zu werden pflegt. – Wetten, dass ... ?

Philosophieren – einmals etwas anders
Disziplinen und Richtungen

EPIKUREISMUS (Hedonismus, Eudämonismus, Sybaritismus): Epikureer werden heute Leute genannt, denen Champagner und Kaviar erst im Hilton schmecken, mit malerischem Blick auf die Elendsviertel.

Der Römer Lukrez hat später in seinem Lehrgedicht „Über die Natur der Dinge" die Liebesgöttin um Hilfe gebeten. Wenn wir in uns gehen und dort statt einer unsterblichen Seele nur Atomgewimmel finden, können wir uns ungestört dem reuelosen Genuß von Cheeseburgers hingeben und von chemiefreiem Magermilch-Yoghurt. Schon Epikur lehrte die friedliche Koexistenz von Gift-Idyll und Atomwirtschaft, kehrte gern zurück in seinen philosophischen Garten (Eden) und dem öffentlichem Leben den Rücken. Seine Devise lautete : „Lebe im Verborgenen" und lasse die Karawane an dir vorüberziehen.

ONTOLOGIE : Sein oder Nichtsein, das ist noch immer die fragwürdige Frage. Es ist intelligent, sie zu stellen, und dumm, eine Antwort darauf zu wissen. Ontologen suchen die Ist-Werte, De-ontologen die Soll-Werte. Die einen suchen wahres Sein hinter schönem Schein, die anderen schöneres Sein hinter häßlichem Anschein. (Marx z.B. sah das wahre Sein im Sein der Ware, und hinter jedem schönen Schein liege ein dicker Geldschein.)

Plato kam als erster auf die Idee, daß hinter der Fassade eine schlaue Idee stecke und kein dummes Ding. Er machte einen feinen Unterschied : Die Idee der Scheiße ist kein Scheiß, sie stinkt nicht. Die Idee des Häßlichen ist schön und deshalb gar nicht zu hassen; das ist der Stuhlgang der Dinge.

Aristoteles sah die Idee Gottvaters nicht weit über Mutter Natur thronen, sondern in ihr selber sitzen. Und die englischen Nominalisten, Empiristen und Positivisten später sahen die Idee und das Wesen der Exkremente nur im Kopf des Stuhlgängers − als Kraftwort und Lufthauch (flatus vocis).

Das Mittelalter sah das *höchste Sein* (ens bonum et realissimum) in Gottvater; jeder andere habe ein bißchen davon, der Bösewicht weniger, der Tugendbold etwas mehr (am wenigstens Mutter Natur). A *ist* B : Jedes Urteil ist durch die Copula eine grammatische und logische Kopulation von Begriff und Sache, also von männlichem Subjekt und weiblichem Objekt.

METAPHYSIK nennen Physiker alles, was ihnen zu hoch ist und über ihre Köpfe hinweggeht. Später wurde daraus das Übernatürliche, Unnatürliche und Widernatürliche, wie die Gegner meinten. Nietzsche hielt sie für eine Hinterweltanschauung von Puritanern, die rein Physisches am liebsten aus der Welt schaffen wollen. Aber Metaphysik war immer etwas mehr als ein geistiger Fleckenentferner und Weltfluchthelfer. Sie ist auch ein bißchen mehr als die Angewohnheit, höhere und tiefere Ursachen für die Hauptsache zu halten und die Sache selbst darüber für Nebensache. Sie fragt nach den Dingen, indem sie nach deren Bedingungen fragt, und entdeckt oft in den Dingen verding(lich)te Menschen. Sie fragt nach Bedingungen, die selbst keine mehr haben, und dieses Un-bedingte ist das von den Dingen abgelöste Ab-solute. Metaphysiker fragen nach ewigem Sein unter oder über dem vergänglichen Seienden, also nach einer ewig-weiblichen Mutter Natur darunter und einem ewigen Vater darüber. „Warum ist überhaupt etwas und nicht vielmehr nichts?" ist ihre Lieblingsfrage. Es ist die alte Kinderfrage nach der Herkunft der Kinder aus dem mütterlichen Schoß. Der Ursprung der Frage nach dem Ursprung aller Dinge ist die Kinderfrage nach ihrem Ursprung, der ein Eisprung ist. Metaphysiker ist einer, der nach dem *einen* Grund fragt, auf dem alle Menschenkinder fest auf eigenen Füßen stehen können und der zugleich der Abgrund werden kann, aus dem sie auftauchen und in den sie wieder versinken, sobald ihre Zeit gekommen ist.

Theologie unterscheidet sich von der Metaphysik dadurch, daß sie einen Ur-heber statt einer Ur-sache sieht und sich weniger interessiert für das Wissen vom Gesetz als für den Willen des Gesetzgebers. Sie rätselt, ob die Welt geschaffen ist aus bösem Material oder aus dem Nichts (zwischen den Beinen der Mutter Natur), aber in jedem Fall von Gottvater.

Aristoteles sah alles Natürliche als Produkt zweier metaphysischer Urpotenzen : eines ewig-weiblichen Mater-ials, die in gottväterliche Form gebracht wird. Die Metaphysiker suchen Ewigkeit über der Zeit und Unsterblichkeit über der Vergänglichkeit : Die Individuen entstehen und vergehen (vor Lust), es lebe die Gattung! Metaphysik ist dieser Geist der Gattung und macht sich deshalb oberste Gattungs-begriffe' (Universalien und Transzendentalien).

Die *östliche* Metaphysik kennt persönliche Wieder-geburt (Inkarnation) des Einzelnen nach seinen Ver-diensten, doch die *westliche* Metaphysik kennt das Überleben des Einzelnen nur in eigenen Nachkom-men. Nichts ist vergänglicher als ewige Wahrheiten, und ewig ist nur die Vergänglichkeit alles Irdischen selbst.

Metaphysik sucht auch „Einheit in der Vielheit".
Das ist häufig nur Einfältigkeit in aller Vielfalt, aber
auch Eindeutigkeit statt ewiger Zweideutigkeit. Sie
wollte immer Monotheismus ohne die Monokultur
des Eintopfs und ist philosophischer Monotheismus
des Individualismus. Alle gleich — jeder anders. Alle
sind gleich vor dem Einem im Himmel : Jeder hat
gleiches Recht auf seine Verschiedenheit (ob genutzt oder nicht). Und wenn sie das universale Universum sucht, dann nicht, weil Metaphysik die Mo-
notonie will, sondern den Pluralismus der Eliten
nicht will. Letzter Grund aller Dinge ist die Hinter-
welt, ein Hintergrund von Hintermännern.

Die Meta-meta-physik ist das rein Physische, also
das Fleisch (im Topf und im Bett). Metaphysik ist
nicht die Lehre vom Übersinnlichen und Über-
natürlichen, wie ihre Feinde meinen, sondern die
Theorie, was *über* die Beziehung von Menschlein
und Mutter Natur ein bisschen hinausgeht (z. B.
Gottvaters Aufforderung an uns, gefälligst endlich
mal den Mutterleib der Erde zu verlassen und mal
erwachsen zu werden). Aber wer will schon Mamas
Rockzipfel loslassen, der sich auf so vielfaltige
Weise verkleidet unter so vielen Namen, und auf
eigenen Beinen ins rauhe Leben hinaus?

ERKENNTNISTHEORIE. M. Luther übersetzte: Adam und Eva sahen, daß sie nackt waren, und sie ‚erkannten' einander. Das war noch die vorwissenschaftlich mythische Form. In der Philosophie wird daraus die Frage : Wie *erkennt* der alte Adam die Mutter Natur; wie wird er mit ihr einig und eins und was ist die Frucht ihrer Beziehung? Wie überbrückt er den Graben, der ihn von Mutter Erde trennt, aus der er doch selber stammt? Die zwei Hauptantworten der Tradition : Entweder paßt er sich *ihr* an oder nötigt sie mit mehr oder weniger sanfter Gewalt, sich *ihm* anzubequemen, bis beide übereinstimmen, wenigstens im „Wesentlichen". Diese Übereinstimmung wird „Wahrheit" genannt. Gleiche ich mich der Welt an, so bin ich ein Konformist, aber gleiche ich mir Frau Welt an, dann bin ich ein Unhold. Erkenntnistheorie ist der Versuch, eine Alternative zu dieser falschen Alternative zu finden, einander ‚erkenntlich' zu zeigen oder ‚erkennungsdienstlich' zu behandeln und auf Todesstrafe zu ‚erkennen'. Gleicht *Er* sich *Ihr* an, ist er Realist; gleicht Er Sie *seinem* Willen an, dann ist er Idealist.

ÄSTHETIK: Die Lehre von der Schönheit dessen, was ist, oder dessen, was (noch) nicht ist. Freud vertraute seiner Schülerin Marie Bonaparte an, aller menschliche Sinn für Schönheit entstamme letztlich

unserem sinnlichen Sinn für die weibliche Brust, unserem ersten Liebesobjekt, das ein pars pro toto war. Zuerst wird Mutter Natur durch ihren Busen hindurch geliebt, an dem wir liegen. – „Ästhetik" kommt vom griechischen Wort ‚ais-thesis' für sinnliche Wahrnehmung (einer verhüllten Gestalt).
Hegel bestimmte Ästhetik als Lehre vom ‚sinnlichen Scheinen der Idee'. Das griechische „idea" heißt wörtlich : Aussehen und Gesicht. Wie die Mutter Natur aussieht, erscheint den fünf Sinnen und der Sinnlichkeit und ist Gegenstand einer ‚Schau'. *Das* Schöne ist also ursprünglich *die* Schöne, und ‚Naturschönes' an ihr ist der sinnliche Vorschein unserer Mutter Natur – in einem jeden mater-iellen Gegenstand. Lieben ist ‚Zeugen im Schönen' laut Platon.

LOGIK. Lehre von den Leerstellen des Denkens und von den unmenschlichen Beziehungen, die hier ‚Relationen' heißen. Logik ist so unbeliebt, weil sie Willkür, Wahnsinn und Schwachsinn nicht toleriert. Die Logik ist so beliebt, weil sie wie die Mathematik keine Menschen- und Weltkenntnis voraussetzt. Sie beantwortet die Frage, was ein Menschenkind von Frau Welt wissen kann, bevor es ein wirkliches Verhältnis mit ihr hat und reale Erfahrung mit ihr macht. Was weiß der Erdensohn von Mutter Natur

„vor und unabhängig von" jeder realen Beziehung zu ihr?

Logiker können vom Allgemeinen auf Besonderes schließen, aber nie vom ganz Besonderen auf das Individuelle, also Reale. Da heute everybody wants to be free, reißt jeder sich erst einmal gern diese „geistigen Schnürstiefel" von den Schweißfüßen, auf die er durch Marx von der Kopflosigkeit gestellt wurde. *Ohne* Logik ist jeder so frei wie der Tobsüchtige in der Gummizelle, *mit* der Logik ist er so frei wie von jeder Sachkenntnis. Schizophrene haben entgegen einem Vorurteil häufig ein besonders gutes Verhältnis zu Logik, Rationalismus und reiner Mathematik.

Logik ist die Beschränkung des männlichen Geistes auf die Beschäftigung mit sich und mit seinesgleichen, also strikte geistige Onanie oder auch Homophil(osoph)ie − ohne Bezug auf real existierende Objekte (vom ganz anderen Geschlecht). Aber auch im Geiste ist mit der Inzucht zu beginnen, um zur Unzucht mit der Welt fortzuschreiten. Schlimm ist nicht die geistige Masturbation, sondern bei ihr hängen zu bleiben. Nach erotischer „Selbsterkenntnis" ist Mutter Natur dann leichter zu ‚erkennen':

Logik ist eine notwendige Vorübung, nicht mehr und nicht weniger. Im Leben ist es umgekehrt : Man lebt drauflos und fragt nach der Logik erst spät oder gar nicht mehr. Der allherrschende Irrationalismus verachtet Logik, zwingende logische Notwendigkeit wird als geistige Nötigung und Notzucht abgewehrt. Vor allem *logische Systeme* sind Schreckgespenster – vorzüglich bei Leuten, die weder logisch und systematisch denken können, noch auch nur Fragmente zustande bringen. Kurz : sie ist eine Art von Melissengeist und war noch nie so wertvoll wie heute.

Wenn Logik auf Realität angewandt wird, wirkt das logische Korsett auf Frau Welt oft wie eine geistige Zwangsjacke und das Liebeslager wie ein Prokustesbett. Logik gilt als eine bloße Formsache, die nie zur Sache selbst kommt. Wer nicht denken kann, sieht in ihr eine bloße Förmlichkeit und die tote Etikette des Geistes. Aber hinter der Logik steckt eine Psycho-Logik, die von Logikern oft verdrängt und von den neuen Irrationalisten verleugnet wird.

In der Logik heißt es : Wer A sagt, muß auch B sagen (und nicht A *tun)*. Ein Urteil ist etwas, das etwas als etwas ganz anderes hinstellt : A *ist* A und zugleich B, also Nicht-A.

Ein logischer Schluß macht mit dem Urteil, was ein logisches Urteil mit dem Begriff macht und jeder logische Begriff mit seinen unlogischen Objekten. Objekt – Begriff – Urteil – Schluß : Das sind die vier *Meta-Stufen* des Denkens. Durch messerscharfe *Schlüsse* fühlt der Wirrkopf sich eingeschlossen in geistige Zwangssysteme, durch *Urteile* fiihlt er sich zum geistigen Tode verurteilt, und in *Begriffen* sieht er An- und Zugriffe und Übergriffe auf sich selbst. Und in jungen Dinge(r)n sieht er nur verding(lich)te Mädchen.

Begriffliches Denken, dessen Gesetze in der Logik verabschiedet und nie novelliert werden, wird gefürchtet als ein hochgeistiges Marterwerkzeug. Der Allgemeinbegriff heißt etwas von oben herab Oberbegriff. Jeder fürchtet, daß er als Einzelkämpfer bei dem geistigen Allgemeinwohl zu kurz kommt, und Adorno hat diese Angst zu einem würdigen philosophischen Gegenstand erhoben. Ein Begriff schert all seine Gegenstände über denselben Kamm, bringt sie unter einen Hut und uns alle auf einen kleinsten Generalnenner. Adorno sah in diesen logischen Gesetzen die Allgemeinplätze der Gesellschaft an der Macht. Sie bringen jeden um sein ganz Besonderes und schneiden ihm den ‚kleinen Unterschied' weg.

Wer nun dauernd gegen die Logik verstößt, verstößt lieber gleich die Logik selbst und nennt seine alte Unlogik einfach ‚Neue Logik'. Die logischen *Grundsätze* sind der ‚Satz der Identität' (Ich bin Ich), der ‚Satz vom Widerspruch' (einer kann nicht zugleich ich und nicht ich sein) und der ‚Satz vom ausgeschlossenen Dritten' (tertium non datur) : Entweder Kapitalismus oder Kommunismus, etwas Drittes gibt es nicht. Der Totalitarist bestritt genau das. Er nannte sich „Dritter Weg" zwischen Ost und West, Wahr und Falsch, Herr und Knecht, Kapital und Arbeit. Die neue „dreiwertige Logik" war deutsche Dialektik des Sowohl-als-auch-weder-noch.

RELIGIONSPHILOSOPHIE : Theorie von Kinder- oder Köhlerglauben, Priesterbetrug und Jenseitsvertröstung. Vormals : Theo-logie als Theo-rie von Gottvater und seinem Verhältnis zu Mutter Natur und ihren Menschenkindern. Theologie ist die ‚Gewissenschaft' der Gottesfürchtigen. Im Allgemeinen wird alles, was über Religion gesagt wird, den Frommen zu sündhaft klingen und den Steuerchristen zu hoch und heilig. Der ‚Gott der Philosophen' (Wilhelm Weischedel) ist sowieso ein ganz anderer als der Gott der Frommen. Er ist nicht der Naturgesetzgeber der Zehn Gebote, sondern „Urgrund und Ungrund des Seins", „Ursache seiner selbst" oder „Ens realissimum". Theologie ist religiöse Metaphysik, und griechische Metaphysik war philosophische Theologie ohne den biblischen Gott. Erst gab es Jahrmillionen lang den feministischen „Polytheismus". Das ist die Art von Religion, wo in jeder Naturgewalt, mit der der Mensch nicht fertig wurde, eine Spezialgottheit steckte, die dafür zuständig war, bis die natürliche Ursache gefunden und dann technisch in Dienst genommen war. Es gab so viele Götter wie Naturkräfte, für jede einen. Bevor die Polytechnik den Polytheismus besiegen konnte, erfanden die Menschen den Monotheismus, nach dem alle Mensch gleich sind vor dem Einen Gesetz für alle. Nun sollte es plötzlich nicht mehr eben so viele Wahrheiten geben, wie es soziale Eliten gab, sondern nur noch eine einzige für Herren *und* Knechte zugleich? Das durfte nicht sein.

Die Ehrfurcht vor dem Einen HErrn hebt die Ehrfurcht vor den Herren der Welt auf – fürchteten die Herren und gründeten den weltweiten A(nti)theismus im Namen des religiösen Pluralismus. Der biblische Monotheismus ist patriarchalisch; ante- und antitheistische Polytheisten sind Amazonen.

MYSTIK ist nicht bloß der Versuch, eigene Hirngespinste als Einblick ins Herz der Mutter Natur vor sich und anderen zu verkaufen, sondern eine Art philosophischer Voyeurismus : Was einer von Mutter Natur sieht, wenn er verzückt die Augen schließt. Die Mystik ist weder Theorie noch Praxis, sondern holistische Wesensshow, wo der Zuschauer Mitspieler des Welttheaters wird, ohne deshalb aufzuhören, ein aufmerksamer Zuschauer zu sein, also gleichzeitig auf der Bühne zu stehen und in einer Loge zu sitzen und die Bühne, Loge, Kulisse und das ganze Theater selbst zu sein.

Der Mystiker ist ein Mensch, dem es nicht genügt, Mutter Natur zu erkennen, zu erfassen oder zu bearbeiten und zu behandeln, sondern selbst zu *sein,* d.h. inmitten dieses Weltgetümmels seine Abnabelung rückgängig zu machen, um mit der Magna Mater(ia) wieder zu verschmelzen, die für jeden von uns in der Kindheit unser Ein und Alles war und erst später ein enttäuschender Mensch unter anderen wurde. Diese verzehrende Sehnsucht ist keine männliche Spezialität. Hildegard von Bingen, Mechthild von Magdeburg, Theresa von Avila haben den mystischen Akt mit dem himmlischen Bräutigam glühend so beschrieben, daß dann rein Physisches und Metaphysisches nicht mehr zu trennen sind.

Ruysbroek (1293-1381) schrieb Bücher wie : „Das Reich der Geliebten" und „Die Zierde der geistlichen Hochzeit". „Ich bin derjenige, den ich liebe, und der mich liebt, ist mein Ich", schrieb der persische Sufi al-Halladj. Diese quietistischen Aktivisten sind Schüler des Neuplatonikers Plotin. Das höchste Sein *ist* das tiefste N-ich-ts (zwischen den Beinen von Mutter Natur). Wird dem Mystiker schwarz vor Augen, geht ihm erst ein Licht auf und umgekehrt.

Der trockene Hegel warf Schelling vor, in dessen ,Nacht des Absoluten' seien nur alle Kühe schwarz.

Jakob Böhme war ein proletarischer Mystiker, der Schelling und Hegel beeinflußte. Bei Wittgenstein gibt es sogar mystische Logistik. Die chinesische Mystik hat einen Höhepunkt im Taoismus von Laotse und seinem Schüler Dschuang-tse : Das ‚Tao zwischen Yin und Yang' sei der Weg zwischen dem Männlichen und Ewigweiblichen.

Franz Rosenzweig zeigte im „Stern der Erlösung" (1925), daß der klassische deutsche Idealist unbemerkte Anleihen gemacht hatte bei der alttestamentarischen Mystik des Mittelalters, der ‚Kabbala'. Wenn Gott einen Schritt in sich zurückgeht, entsteht der Mensch; geht sein menschliches Ebenbild einen Schritt in sich zurück, entstehen die Dinge, und Gottvater kehrt über Frau Welt zu sich selbst zurück, lehrten Moses de Leon und auch Isaak Luria. ‚Sophia' (Weisheit) heißt da ‚Schechina' (glänzende Schönheit). Gerhard Scholem zeigte, daß für Mystiker nicht die verteufelte Mater-ia in Gottvater selbst sei, sondern eine Muttergottheit. Gottes Schönheit sei seine Weiblichkeit, mit der er Welten (er)zeuge.

NATURPHILOSOPHIE : Lehre, nach der *Sophia* die Mutter Natur selbst ist und der Philo-Soph ihr Liebhaber. Die Metaphysik der unberührten Mutter Natur ist meist eine matriarchalische Attacke auf die vermeintliche Tyrannei, die von dem alttestamentarischen „Gesetz der Väter" und von der christlichen Sohnesreligion ausgehe. Oft geht es nur im Namen von Mutter Natur gegen Mutter Kirche da, und das Menschenkind kommt nur vom Regen in die Traufe. Ob nun Priester in Röcken oder Softies von heute, als „unnatürlich" brandmarkt man alles, was dem Menschenkind hilft, den Schoß der Großen Mutter endlich zu verlassen und den kollektiven ‚Sozial-Uterus' aller Horden. Die europäische Naturphilosophie ist oft atheistisch motiviert oder mißbrauchbar gewesen. Der psychologische Kern ändert sich dabei kaum : Unter dem Vorwand, die jungfräulich reine Mutter vor den Rabenvätern zu bewahren, wird das Menschenkind vor der Entwöhnung von der Mutterbrust der Natur bewahrt. Entwöhnung vom Busen der Natur gilt nur als entwurzelnde „Entfremdung vom Ursprung". Meist wird dabei die grüne Natur viel mehr geschützt als die menschliche Natur derer, die sie für die Naturapostel bearbeiten müssen in der Fabrik.

Die Kette der reaktionären Gewährsleute für den philosophischen Naturschutz läuft über die homophil(osophisch)e Antike, Spinoza, Rousseau, Schelling, Feuerbach, Marx, Bloch … Naturphilosophie versucht gern, Mutter Natur vor der Liebes-Technik der Naturwissenschaft zu retten. Der moderne Industrialismus wird phantasiert als einzige Dauerver-

gewaltigung der Mutter Erde und der technokrati-
sche Fortschritt als ewiger Muttermordversuch.

Der rechtslastige Heidegger ging zusammen mit
dem schizophrenen Jakobinerdichter Hölderlin sogar weit zurück bis auf die frühgriechische „Physis",
in der beide die bergende Mutterleibeshöhle der
reinen Natur sahen, wo die Paranoiker geistigen
Unterschlupf suchten vor dem phallischen *Ge-stell*
drohender Vaterfiguren.

John Locke und David Hume waren die Übergrößen
des typisch englischen **EMPIRISMUS** : metaphysische Lehre, daß Metaphysiker nicht Geister sind,
sondern nur Gespenster, und daß die Wahrheit letztlich eine Sinnlichkeit ohne Sinn und Verstand ist.
Der eingefleischte Empirist hält jeden Menschen für
einen geborenen Sinnesdatenverarbeiter und sonst
nichts. Mit diesem Nichts beschäftigt sich dann der
Rest der Philosophen. Alles kommt aus Sinnlichkeit
und Verstand − ausser Sinn und Verstand selbst.
Um Mutter Natur im Innersten zu ,erkennen', muß
der Erdensohn eben sinnliche Erfahrungen mit ihr
sammeln und dabei seinen Verstand verlieren. Empirismus ist die vor allem angelsächsische Theorie,
daß die Welt für uns in Griffweite liegt, wenn wir
nicht auf dem Sofa liegen bleiben, aber daß sie vom
Filosofa aus nur in Begriffweite liegt. Bevor wir sie

begreifen, müssen wir mit ihr ja erst handgreiflich werden. Und Frau Welt muß sich dem alten Adam erst einmal von sich aus hin- und hergeben, bevor seine Ver-nunft etwas davon ver-nehmen kann. Die sogenannten ‚Gegebenheiten' seien erst einmal freie oder unfreie Hingaben von Mutter Natur an Adams Sinne.

KRITIZISMUS (TRANSZENDENTALISMUS): Kants „kopernikanische Wende" mit seiner Hauptfrage : „Wie sind synthetische Urteile a priori möglich?" (Das sind Urteile, die mehr über die Welt aussagen, als in den Worten steckt). Auf Deutsch: Was kann das Menschenkind von Mutter Natur wissen, bevor es reale sinnliche Erfahrung mit ihr gemacht hat? Antwort : Erstens ‚erkennt' es sie, weil es ihrem Schoß ja entstammt, und zweitens, weil es an Lendenfrüchten aus ihr nur herausholt, was es zuvor an Samen in sie hineingesteckt hat, kapitalistisch wie erotisch verstanden. Der Verstand des Erdensohnes macht aus der verwirrenden Vielfalt ihrer Reize erst überhaupt einen ‚Erkenntnisgegenstand', d.h. ein Liebesobjekt.

Der alte Adam, dieses zweifelhafte Subjekt der Erkenntnis, bringt Mutter Natur erst in Form; sie ist nur Mater-ial seines Formwillens, bevor er sich dann von ihren schönen zweckmäßigen Formen

‚sinnlich affizieren' läßt. Mutter Natur gibt sich hin, gibt uns mater-iale Gegebenheiten, und unsere Vernunft nimmt sie dankend und denkend entgegen. Aber sie gibt sich nicht ganz hin und hält mit ihrem Dingsbums irgendwo ‚an sich' und mit sich selbst hinterm Venusberg. Das *Ding an sich* ist unerkennbar, d. h. Kant hatte philosophisch, weil persönlich einen gleichsam transzendentalen Ödipuskomplex, der ihn hinderte, je eine Frau zu ‚erkennen', weil man das inzesttabuierte Dingsbums von Mutter Natur ja eben nicht ‚erkennen' darf. Man kann nicht, weil man nicht darf, und man darf nicht, solange man im Objekt die eigene Mutter anschaut.

Das Subjekt kann in Kants Philosophie sowenig sein Objekt im Innersten erkennen, wie er selbst je das andere Geschlecht kennenlernte. Wer diesen metaphysischen Ödipuskomplex teilt, weil er den physischen teilt, der droht Kantianer zu werden. Aber wenn es heute so wenige Kant-Fans mehr gibt, dann nicht, weil alle Leute ihren Ödipuskomplex endlich heil überwunden hätten seit Freud, sondern es erst gar nicht mehr auch nur bis zum ödipalen Konflikt bringen, sondern gleich kindisch bleiben.

Kants „Kritik der praktischen Vernunft" begründete den ‚Kategorischen Imperativ', der nur formalisiert, was schon antike Rabbiner wie Hillel forderten : Tu anderen nicht, was sie dir nicht tun sollen.

IDEALISMUS, ABSOLUTER, DEUTSCHER

Die Nachwelt hat Schopenhauers Urteil über seinen Universitätskonkurrenten Hegel nicht bestätigt. Karl Marx hielt es für nötig, seinen geistigen Vater Hegel „vom Kopf auf die Füße" zu stellen, wobei er allerdings über der „ökonomischen Scheiße" seinen eigenen Kopf verlor. (Marx hat Hegel nie verstanden, weil er seine altestamentarische Herkunft missverstanden hat.) Der berühmte dialektische Dreischritt ist etwas, das jedes Kind versteht : These, Antithese und Synthese verhalten sich zueinander wie Vater, Mutter und Kind. Hegel hat nur auf eine Weise, die kein Schwein versteht, allen Recht gegeben, die keine verhinderten Schweine sind. Was hat Hegel durch angestrengteste Begriffe anders unbegreiflich gemacht, als daß jeder Erdensohn sich seiner Mutter Natur „entzweien, entäußern und entfremden" muß, um später lebensgeschichtlich sich als Mann von Welt mit seiner Frau Welt „vereinigen" zu können? Adorno hat das als „geistigen Imperialismus" des alten Adam gegen Mutter Erde mißverstanden, und Marx glaubte daran erinnern zu müssen, daß der Geist dieser Vereinigung auf wackligen Füßen stehe, wenn dem hohen Paar die materielle Basis zu seinem Glück fehle.

Hegel habe ja sehr schön begriffen, daß der Mensch durch Arbeit historisch sich selbst erst produziere, aber erst müsse er doch wohl mit Mutter Natur die Lebensmittel er-zeugen, ehe er mit dem anderen Geschlecht neues Leben zeugen könne – eine Platitüde, die Hegel natürlich voraussetzen zu dürfen glaubte, da ja umgekehrt die Lebensmittelerzeugung erst Sinn gewinnt von der Lebenszeugung her.

MATERIALISMUS ist nicht nur die Philosophie von Leuten, die an bloß Materielles denken können, „Stoff nehmen oder Rohstoffpreise festsetzen, sondern – wie der sprechende Name schon sagt – die Ideologie von Materialisten, die modernere Spielart einer Anbetung der Magna Mater, dieser Großen Mutter Natur.

Materialisten beschimpfen alle, die aus dem Sozial-Uterus der Mutter Natur herauswollen und eine Idee von solcher Befreiung haben, als „Idealisten". Das sind keine Tagträumer, die sich über ihre niederen Motive im Leben täuschen, sondern einfach Leute, die nicht den Boden der Tatsachen verlassen, sondern die Mutterleibeshöhle der Natur – und ihrer Brüderhorden.

Es gibt „Vulgärmaterialisten" wie die Stoffhuber Büchner und Moleschott, und es gibt feinere wie Marx und Engels mit *Diamat* und *Histomat*. Beide Sorten halten die Welt für einen Bluff, aber die ersteren sehen das wahre Sein hinter bloßem Schein im

Kraftstoff, die letzteren im Geldschein. Dagegen war der biblische Messianismus eher so etwas wie ein dialektischer *Pater-ialismus*, sit venia verbo.

Viele wissen vom Marxismus nur, was sie vom Materialismus zu wissen glauben, nämlich daß er Ideen für notwendige Ideologien hielt, Reflexion für einen Reflex von Reflexen und die Denkweisen für bloße Produktionsweisen, und daß das gesellschaftliche Sein jedes menschliche Bewußtsein bestimme.

Aber Marx dachte nur, daß das Sein *leider noch* das Bewußtsein bestimme.

Für ihn ist es das soziale Sein, welches das Bewußtsein des Menschen dazu bestimmt, eine Gesellschaft zu schaffen, in der das Bewußtsein umgekehrt endlich das Sein bestimmt. Meine materielle Lage bestimmt meine vorherrschenden Gedanken, und die Gedanken der Herrschenden bestimmen meine materielle Lage wie ihre materielle Ausstattung meine Gedanken.

Es ist ein ‚falsches Bewußtsein', welches heute das soziale Sein dazu bestimmt, das menschliche Bewußtsein ganz zu bestimmen, statt daß unser Bewußtsein sich von unserem Sein bestimmen ließe, unser „materielles Sein" zu bestimmen. Wenigstens muß mein Sein mir bewußt genug werden, mich selbstbestimmen zu wollen. Was zu sehen ist, ist ja nur Fassade. Dahinter steckt eine Idee, die nicht zu hören ist und die nicht gesehen werden will, nämlich die Idee, wie sich materielle Interessen hinter ideellen Motiven verstecken lassen.

Vordergründig soll es um hochedle Dinge gehen, und es braucht Ideen, materielle durch vermeintlich ideelle Motive zu kaschieren, so daß der materielle als geistiger Beweggrund erscheint und der ideelle als materieller zu verleumden ist. Die platonische Idee hinter den materiellen Erscheinungen der Welt ist nur das materielle Interesse hinter dieser ideologischen Fassade, also die Idee, wie sich das materielle als ideelles Motiv verkaufen – und hinter dem ideellen Motiv wieder entdecken läßt. Das ideelle Motiv der Allgemeinheit besteht darin, seine materiellen Interessen durchzusetzen und sei es aus egoistischen Motiven.

Böse ist ja nicht die Materie, sondern Menschen an ihre Bearbeitung zu ketten, also sie restlos zu Menschenmaterial zu machen, das Arbeitsmaterial formt und sonst gar nichts. Gut ist umgekehrt nicht der Geist an sich, sondern als begeisterter Aufstand gegen die Kettung des Menschen an Essen, Trinken, Wohnen, Zeugen und Körperpflege.

Gut ist nicht Materie, sondern auch Bürger sie bearbeiten zu lassen. Proletarier werden erst dann leibhaftig da sein, wenn sie nicht nur nichts als Leiber sein müssen, die sich an Stoffen erschöpfen, was

nicht heißt, daß ihre Klassenfeinde so vergeistigt
wären, nur auf der Suche nach ihrem verlorenen
Bauch und Unterleib zu sein. Leib und Seele sind
vor allem getrennt, weil sie auf verschiedene Klas-
sen verteilt sind. Durch diese Klassentrennung wird
Geist zu Ungeist und Körper zu unbeseeltem Stoff.
Die Unterschicht ist so etwas wie der Unterleib der
sozialen Mitte des Volkskörpers. − Ein schlecht
durchbluteter Kopf ist kopflos, ein enthaupteter
Körper kann behaupten, was er will, sich selbst oder
Wahrheiten, er ist nicht leibhaftig da, sondern im
Bunde mit dem Leibhaftigen. Der Kopf ist da der
Oberkörper, der Leib das Stammhirn des Menschen.
Schlimm ist nicht der Geist, sondern Menschenklas-
sen von ihm auszuschließen und ihn zum Prestige zu
machen, und vom Geist hat sich ausgeschlossen,
wer andere von ihm ausschließt, indem er sie auf
ihre „sinnliche Körperlichkeit" reduziert, von dem
Arbeiter genug haben und Bürger nie genug kriegen

POSITIVISMUS : Lehre, daß der Mensch nur an
das Positive denken sollte, und das einzig Positive
ist für Positivisten, was sich in kurzen „Protokoll-
sätzen" ohne Wenn und Aber von Mutter Natur
sagen läßt. Den Ausschlag für das, was für den Positivisten einzig wirklich existiert, gibt dabei nur der
Ausschlag von technischen Meßgerätzeigern, die er

zwischen sich und die Welt schiebt, damit kein subjektives Ich dazwischen steht und sein Urteil verfälscht. Nun ist der Positivismus schon so sehr eine einzige Kritik aller übrigen Philosophien, daß man ihm nur noch vorwerfen kann, nicht selbstkritisch zu sein. Das ist seine Achillesferse, er blufft mit seiner vorurteilslosen Nüchternheit, von der er ganz besoffen ist. Der Positivist erhebt den Anspruch, Daten so aufzunehmen, wie sie von der Welt kommen, ohne sie zu werten, zu verfälschen oder gar tendenziös auszuwählen durch vorgängiges „framing".

Das tut er wirklich, er nimmt Mutter Natur einfach so hin und her, wie sie sich von sich aus gibt und präsentiert (sagt er und vergißt, daß er sie vorher durch seinen unbefangenen Meßakt so zugerichtet hat, bis sie so richtig schön *natürlich* ist). Der Positivist handelt mit der nackten Wahrheit, aber er will nicht zugeben, weder vor sich selbst noch vor seinen Gegnern, daß die Münzen seiner Währung durch seine Art von reinen Registrierkassen überhaupt erst geprägt werden. Es ist ein bißchen wie im Irrenwitz, wo ein Psychiater seinem Patienten Testbilder vorlegt, in denen dieser dauernd sexuelle Anspielungen hineinsieht. Darauf angesprochen, empört sich der Patient: „Was kann ich dafür, daß Sie mir dauernd Schweinereien zeigen?"

Der Positivist ist kein Irrer, aber er hat Mutter Natur vorher umgekehrt so fleckenlos gereinigt, daß er überall nur ganz unvoreingenommen *reine Gegebenheiten* sieht, wo Otto Normalverbraucher Hintergedanken hat und gewöhnlich schmutzige Anspielungen sieht auf versteckte Beziehungen und Verhältnisse. Notwendigkeiten kaschieren Nötigungen, und Gegebenheiten sind hier streng genommen eigentlich Genommenheiten.

LOGISCHER POSITIVISMUS : Wenn der Kreter Epimenides sagt, daß alle Kreter lügen, dann lügt er, wenn er die Wahrheit sagt, und sagt die Wahrheit, wenn er lügt. Über 2000 Jahre vergingen, ehe der Pole Tarski 1936 die Wahrheit über den *Lügner* herausfand : „Die Kreter lügen", sei ein Satz, der in einem Satz zwei Sätze enthalte, ohne es zu verraten. Er sei von der Art des Satzes: „Der Satz ‚Dieser Satz ist falsch' ist falsch." Es sei ein Riesenunterschied, ob ich nur einfach lüge oder eine Lüge *über* eine Lüge ausspreche. Eine Lüge *über* eine Lüge, in der einen Lüge versteckt, ist keine doppelte Verneinung, die eine doppelte Bejahung ist, und Lügen *über* Lügen sind noch keine Wahrheiten. Die Lüge gehört zur „Objekt-Sprache" und die Lüge *über* die Lüge zur „Meta-Sprache".

Jeder Satz kann Gegenstand einer Aussage über ihn werden und umgekehrt als Aussage über einen anderen Satz interpretiert werden, aber beides darf niemals verwechselt werden, wenn man Wert darauf legt, sich nicht zu widersprechen, sondern anderen zu widersprechen. Oft enthält ein Urteil ein Urteil über dieses Urteil in sich versteckt. Ich höre eine Dame singen und rufe : „Eine zweite Callas!" Durch den Tonfall lasse ich durchblicken, daß ich das genaue Gegenteil gemeint haben will.

Witz, Humor und Geist beruhen auf nichts als der Fähigkeit, mit der Kluft zwischen solchen Meta-Ebenen sein Spiel zu treiben. „Meta-Sprünge" sind Hochsprünge auf höhere (metaphysische) Ebenen der Betrachtung. Wenn Sie dorthin mal entwischen, halten Ihre Verfolger Ihren leeren Mantel in den Händen. Jede Philosophie ist Meta-Physik, denn jeder philosophische Satz über das Ganze der Welt ist ein Satz von der Art eines Sprunges über das Ganze hinaus („Scheißsystem"). Sprung ins Nichts, sagen die einen, in die Klapsmühle, sagen andere, in höhere Sphären, sagen die philosophischen Illusionskünstler, und auf „Meta-Ebenen der Kommunikation mit ordinary people", sagen wir heute. Ein Ludwig Wittgenstein bestritt jede Möglichkeit einer Metasprache : Sie *zeige* sich in Objektsprachen nur implizit, aber *als* unaussprechlich.

Der erste Meta-Sprung unseres Lebens war der aus unserem mütterlichen Ur-Sprung heraus, dem wir entspringen, erst hinaus ans Licht der Welt, später ans Licht der Vernunft – an Vaters Hand. Der Vater ist der erste Metaphysiker, und deshalb gilt er heute für ebenso tot wie Gottvater. Die Metasprache aller Metasprachen ist aber die Muttersprache selbst und kein patriarchalisches Machtwort.

STRUKTURALISMUS : Ideologie, welche die Geschichte verabschieden will, ohne religiöse Unsterblichkeit zu bieten, und den Menschen für tot hält, ohne Pflanzen, Tiere, Sterne und Götter nun deshalb hochleben zu lassen. „Die Ordnung der Dinge" endete für *Michel Foucault* damit, „daß der Mensch verschwindet wie am Meeresufer ein Gesicht im Sand. Er war nur eine einfache Falte in unserem Denken" gewesen und wird mit dem Humanismus spurlos verschwinden. In Wirklichkeit haben Mensch und Inhumanität natürlich nur den Strukturalismus und Foucault selbst überlebt.

Der Mensch ist tot, es lebe die Struktur? Foucault schüttete das humanistische Menschenkind mit dem totalitaristischen Stahlbad aus, als er Heidegger, Nietzsche und Descartes einmal zusammenspannen wollte. Sein Alterswerk „Sexualität und Wahrheit" zeigte schön, daß Askese immer das beste Mittel war zur Anstachelung der Begierden und Sex immer das beste Mittel zur Abtötung staatsfeindlicher Begierden. „Sex" sei ein Staatsdiener und kein Staatsfeind. (Foucault starb an HIV aus den Folterkellern der Schwulenbars von San Francisco.)

Der Hohepriester der psychoanalytischen Philosophie war *Jacques Lacan,* der menschliche „Wunschmaschinen" befreien wollte und als nicht zu befriedigen erkannte. Man hat ihn oder man hat ihn nicht, aber niemand *ist* der Phallus selbst : Jeder will ihn weniger *haben* als *selber sein,* den höchsten „Signifikanten" hinter allen „Signifikaten".

Die Frau soll für den Mann der Phallus *sein,* den sie nicht *hat,* und den er wohl *hat,* aber nicht *ist.* Der Vater ist tot, es lebe der Schizo! Der Psychotiker sei der wahre Potente, indem er nur vorgebe, kastriert zu sein. Lacan war ein großer Potenzbluffer vor seinen Herren.

Neuere Ideologen wie ein *Virilio, Baudrillard oder Lyotard* denken Nietzsche zu Ende und in Grund und Boden mit einer Philosophie des täuschend schönen Scheins : Die Wahrheit ist der Bluff und nichts dahinter, als sich von anderen herausfordern zu lassen.

Deleuze/Guattari kapitulieren vor Klein-Ödipus und rufen, sie seien über ihn erhaben. Regressionen in die seelische Steinzeit treten auf als Kämpfe gegen alle Repressalien, und der Anti-Totalitarismus wird zum Ante-Totalitarismus. ‚Anti-Ödipus' weigert sich lebenslang, das Alter eines Dreijährigen geistig zu verlassen, ihm wird schon gleich von Anfang an schlecht. Die Psychose sei selbst der gesunde Menschenverstand, für dessen Zerstörung sie fälschlich gehalten werde, und die geistige Gesundheit sei selbst die Schizophrenie, für deren Heilung sie sich ausgebe. Soll dieses antipsychiatrische Verwirrspiel den neototalitaristischen Wahnsinn ideologisch vorbereiten und zur geistigen Sanierung des Volkskörpers benutzen?

IRRATIONALISMUS ist totalitaristisch, weil die Ratio als alttestamentarisch gilt. Eine Alternative zu diesen Alternativen, also einen ‚Dritten Weg', gibt es nicht. Jeder ‚Dritte Weg' des Dritten Standes führte in den Dritten Weltkrieg. Die Philosophie des Totalitarismus ist die Aufhebung der Philosophie, aber eben nicht durch soziale Revolution, sondern durch ‚direkte Aktion' und Putschterror. Der Irrationalist hat nur ein Ziel : Wir sollen nicht zur Besinnung und Vernunft kommen, sondern den Verstand und den Kopf verlieren.

Gegen alttestamentarische Ratio wird heute wieder mobil gemacht. Der Teufel wird nicht beim Namen genannt, aber es geht schon wieder mit „Gefühl" gegen Gedanken, mit „Sein" gegen Bewußtsein, mit „Gemeinschaft" gegen Sonderwünsche, mit einer „Bewußtseinsverschmelzung" gegen Distinktionen, mit „Instinkt" gegen Intellekt, mit Bauch gegen Köpfchen, mit Wahnsinnlichkeit gegen Verstand, mit Polytechnik gegen Monotheismus, mit lila Amazonen gegen biblisches Patriarchat, mit Dialektheimaterialismüsli gegen Proletarismus, mit *Bewegung* gegen die Verfassung.

Der Rationalismus gilt dem blutnächtigen Urraunen schon wieder als Bodenlosigkeit. Die Jungen entdecken wieder Ludwig Klages und seinen „Kosmogonischen Eros", der nur zur Blutsbrüderschaft führt. Aber die Gegenaufklärung, das ist nicht erst der Eksistenzphilosoph Heidegger und Lebensphilosoph Nietzsche, sondern schon ein Zug im rationalistischen Idealismus von Kants Aufklärung selbst. Kant war ein halb aufgeklärter Aufklärer. Er nahm eine technokratisch halbierte Vernunft an, und das ist Selbsterhaltung ewiger Pubertät – durch Nötigung der Natur. Es ist Homo-phil(osoph)ie, die nicht das ganz Andere (Geschlecht) will, sondern es sich ganz gleichmachen will.

EXISTENZPHILOSOPHIE: kleinster gemeinsamer Nenner von Jaspers, Heidegger, Sartre, Marcel, Wust und Bollnow. Karl Jaspers nannte sich einen

‚Periechontologen', Heidegger nannte „Ek-sistenz"-
philosophen „Fundamentalontologen" oder einfach
nur Denker, Sartre wollte kein „Existenzialist" sein.
Existenzphilosophen sind Leute, die immer mehr
und anderes sein wollen, als was sich von ihnen
wissen und aussagen läßt. Diesen Hauptzug erheben
sie dann zum Wesen des Menschen : kein feststell-
bares Wesen zu haben, sondern sich selbst eines zu
schaffen aus dem Nichts oder dem Rohmaterial ihrer
Sozialherkunft und Erbanlagen.
Die menschliche Existenz soll darin bestehen, daß
sich ihr jeweiliges Wesen gar nicht entdecken, sondern nur erfinden läßt. Mach dich selbst aus dem
Staub − aus dem du gemacht bist, heißt die Losung
für die Lösung aller Probleme. Auf was du mich
auch festnageln willst, um mich zu manipulieren,
ich bin ja immer anderswo, immer jenseits meiner
selbst. ‚Exis' sind Paranoiker, die vor dem endgülti-
gen Urteil anderer Existenzen über sie nur Reißaus
nehmen wie der Teufel vor dem Weihwasser; sie
fürchten in jedem Urteil über sie ihre Verurteilung.
Um nicht entdecken zu müssen, wer ich bin, entde-
cke ich, daß ich erfinden kann, was ich sein will,
wenn mein Wunschdenken nur durch ‚existenzielle'
Einlösung gedeckt ist. Existenzphilosophie ist keine
Metaphysik des kapitalistischen Existenzkampfes
oder das geistige Existenzminimum von verkrachten

Existenzen, wie marxistische Kritiker argwöhnten, sondern die Lehre, daß niemand nach der Lehre anderer, aber nach seiner eigenen leben und erst einmal eine nackte Existenz führen muß, bevor er zum Wesentlichen kommen und sich so etwas wie ein eigenes Wesen zulegen kann gegen allgemeines Unwesen. Existenzphilosophie vertritt das Selbstbestimmungsrecht des Individuums gegen die Allgemeinheit und alle ihm von anderen und von außen angetragenen Essentials, Quintessenzen, Stimmungen und Wesensbestimmungen.

Hinter der Philosophie der Existenz steckt natürlich ganz wesentlich die Existenz des Philosophen. In der Tradition hieß es, das Wesen der Dinge über den Dingen sei an ihnen das Wesentliche, das gar nicht auf Erden existiere, und das Unwesentliche existiere eben nur und sonst nichts. Die „Exis" meinten, daß das vielleicht stimme, außer für die einzelmenschliche Existenz selbst. Sie wollen sich nun nicht von anderen Existenzen oder Wesenheiten vorschreiben lassen, wer sie sind und wozu gut. Die Existenz selbst sei das Wesentliche, und das Wesen des Menschen, wie er sein solle, existiere irgendwo in den Wolken, also in den Hirnen unserer Herren.

Man sieht, hier herrscht kein großes Interesse an Allgemeingültigkeit und Allgemeinwohl, sondern an jeweils ganz Besonderem. (Diese Kategorie aber soll nun allein allgemeingültig sein). Leider ist das immer ein bißchen formal geblieben, sogar und gerade auch in Sartres Versuchen, das in Romanen und Dramen an Einzelfällen zu demonstrieren. Der arme Einzelne wird von der allgemeingültigen Kategorie seiner Einzigartigkeit fast erdrückt.

Existenzphilosophie ist nicht nur die Theorie, daß Theorie nicht genügt zum Existieren. Sie ist nicht die Lehre von dem, was alles so existiert, sondern was standhält, gerade wenn die wirtschaftliche Existenz nicht gesichert ist. Sie will die Entsicherungsgesellschaft ohne jede (Boden-)Haftung.

Deutsche Existenzphilosophen waren Universitätsprofessoren, französische Existenzialisten aber freie Schriftsteller. Es wurde die kontinentaleuropäische Nachkriegsideologie nach der Rettung der nackten Existenz und der Zerstörung der wirtschaftlichen Existenzen. Bin ich Objekt, ist mein Wesen das, was ich immer gewesen bin; bin ich Subjekt, ist mein Wesen mein eigenes Zukunftsprojekt.

Bedeutendster „Existenzphilosoph" war Heidegger, der sein „Seinsdenken" rechten Politikern zur Verfügung stellte, die Existenzberechtigungsausweise ausstellten oder verweigerten. Für sein erstes Theaterstück „Die Fliegen" schrieb Sartre 1946 den Deutschen ins Vorwort, sie sollten nicht in Reue erstarren. Sie ließen sich das so wenig zweimal sagen, daß sie ihn zu einem ihrer meistgespielten Bühnenschriftsteller nach dem Kriege machten. *Das* hatten sie hören wollen. – Sartre trennte sich von seinem Freund Albert Camus, dessen „Mensch in der Revolte" keinen Totalitarismus bekämpfen wollte, ohne den Sozialismus mitzubekämpfen, und von Studienfreund Raymond Aron, der auf Marx nie gesetzt hatte.

Auf seinen Stalinismus angesprochen, sagte Maoist Sartre später, einige Leute hätten damals Unrecht gehabt, Recht zu haben, und er habe Recht gehabt, im Unrecht zu sein. Erst ging Sartre mit Maurice Merleau-Ponty und mit Stalin gegen Hitler, dann ging Merleau-Ponty mit Heidegger gegen Sartre, dessen terroristischen Cartesianismus er 1955 in „Die Abenteuer der Dialektik" als kurzschlüssige Suizidphilosophie attackierte, die Autismus mit Autonomie verwechsle und ihre Objekte töten müsse, um in Kontakt mit ihnen zu kommen.

Merleau-Ponty hatte in „Humanismus und Terror" sogar die Moskauer Schauprozesse philosophisch zu rechtfertigen versucht, um Stalin zu verteidigen gegen die westlichen Rechten. Wie Sartre wollte er den Marx in Stalin retten und rettete nur den Stalin in Marx. In seinem Nachruf schrieb Sartre, daß der melancholische Junggeselle Merleau-Ponty eine sehr glückliche Kindheit hatte und den Tod seiner über alles geliebten Mutter nie habe verwinden können. Diese tote Mama ließ er im phänomenologischen Spätwerk mit Heideggers Hilfe etwas wiederaufleben – wie Spinoza.

Heideggers Hauptwerk „Sein und Zeit" erschien 1927. Seine Zeit kam. Aber das „Nichts" lasse sich nicht im Kopf denken, sondern nur in der Angst erfahren. Das wahre „Seyn" sei nicht das „Ge-stell" der modernen Liebes-Technik, sondern das „Nichts" zwischen den Beinen der Mutter Natur eine schöne „Öffnung und Lichtung des Seyns", in die jede menschliche „Ek-sistenz inständig hinausstehe" und „gerade-aufrecht-stehend hineinstehe", „ek-statisch ganz außer sich". Gottvater sei tot und habe seine Metaphysik mitgerissen; es lebe der Unterschlupf des Menschenkindes im Schoß der Mutter Erde. Die grausamen Gesetze dieser Mutter Natur, vor allem die zur zweiten (Mutter) Natur gewordenen Gesetzlosigkeiten der Tyrannen, schienen dem ‚Denker in dürftiger Zeit' (K. Löwith) weniger „seinsvergessen" als die Beugung unter das sanfte Joch des biblischen Gesetzes der Väter.

Heidegger war ein philosophischer Matriarch und Umwelt(vor)schützer der ersten Stunde. Sein Schüler Sartre sah die menschliche Freiheit als „Loch im Seinsgewebe", als „Riß" zwischen dem „Fürsichsein" des Menschenkindes und dem „Ansichsein"

der Mutter Natur, die an sich hält. „Das Sein ist.
Und das Sein ist zu viel." Das Menschenkind reiße
sich los von ekelerregender Überfülle ihres puren
Fleisches, aber nicht, um (sein) Vater zu werden,
sondern es erschlägt Gottvater und Mutter Natur,
um Vater, Mutter und Kind seiner selbst zu werden,
also um sich selbst in die Welt zu setzen, um nicht
von schlechten Eltern zu sein. Früher war Ontologie
einmal Gerontologie weiser Patriarchen gewesen.
Das ist lange her.

+ + +

Irrwitz als Blitzlicht im Wirrkopf

Oberschicht in die Fabrikunterwelt,
Hochkultur in die Unterschicht!

Macht China allen nach, wie man allen
alles vormacht – oder umgekehrt?

Dr. Watson und Sherlock Holmes, Dick und
Doof, Winnetou und Shatterhand : *gay power*.

Ehrlichkeit ist die Verlogenheit der Reichen
und Notlüge die Ehrlichkeit der Armen.

Aufrichtigkeit kann sich nicht jeder leisten, und
wo steht geschrieben : „*Du sollst nicht lügen!*"

Großmut ist der Hochmut und kleine Mut
der großen Tiere, Kleinmut die Schwermut
und Demut der kleinen Leute.

Aphorismenbände des Autors

„Der Mensch ist, was er verg-isst /
Kosmostheorie oder Gemeinschaftspraxis“, 2007

„Philosophische Formelsammlung :
*Ambivalente Gedankenexperimente und nachsokratische
Fragmente"*, 2012

„Aphorismen zur Zeitaltersweisheit –
Kopfverdreher, Kopfzerbrecher“, 2014

„Die längste Leine trägt die Freiheit –
Faule Zaubersprüche“, 2015

„Quanten, Quarks und Strings im Kopf –
Eintausend neue Aphorismen“, 2015

„Die meisten Aufrechten sind unter Gefallenen /
Dumme Sprüche, alte Spiele“, 2015

„Dein Leben hat Sinn – für deine Ausbeuter“,
Ein aphoristisches Gesellschaftssystem, 2016

„Fürchte den, der dich fürchtet – Hundert Jahre
DADA“, *Zwergrätsel zu Spottpreisungen*, 2016

„Mit einem Satz ins Freie – *Reflexionen, Urteile
und Sentenzen*“, 2. überarbeitete Auflage, 2016

„Kurz und klein – klein, aber fein“, *Aphorismen,* 2016

„Gewinner heißen Spielverderber", *Aphorismen*", 2016

„Sei zu klein, um zu herrschen, und zu groß, um beherrscht zu werden – *Dogmatische Aphorismen*", 2016

„Schlafmützen nennen uns Träumer –
Lumpenproletarische Sprüche", 2017

„Zwergrätsel, Satiren und Zwickmühlen –
Auswahl von Aphorismen", 2017

„Verteidigung des Elfenbeinturms –
Große Sprüche, wieder nur Widerspruch", 2017

„Fertig machen dich deine Fertigkeiten –
Aphoristische Idyllen", 2017

„Oft verzeiht man, um straflos auszugehen –
Kurze Digressionen", 2018

„Kein Kopf könnte sich selbst ausdenken –
Reflexionen und Meditationen", 2018

„Man leidet unter Besseren wie unter Böseren –
Scheitern macht auch nicht gescheiter", 2018

„Wachs auf dem Mist, den andere machen –
Aphorismen zur Schulweisheit", 2018

„Aphorismen, Bonmots und Reflexionen",
Neue Auswahl aus mehreren Bänden, 2019